AF401706

GUIDES JOANNE

TUNIS

CARTHAGE, KORBOUS ET ZAGHOUAN

HACHETTE & Cⁱᵉ

3ᶠ50 FRANC

AMATEURS PHOTOGRAPHES

n'achetez pas d'appareils sans avoir vu
le Nouveau Catalogue illustré du

VÉRASCOPE RICHARD

Pour les Débutants

Glyphoscope en ivorine polie avec 6 châssis métalliques 45×107 . . . . **35 fr.**

Modèles pour Pellicule, 12 poses, 45×107 se chargeant instantanément en pleine lumière . . . **50 fr.**

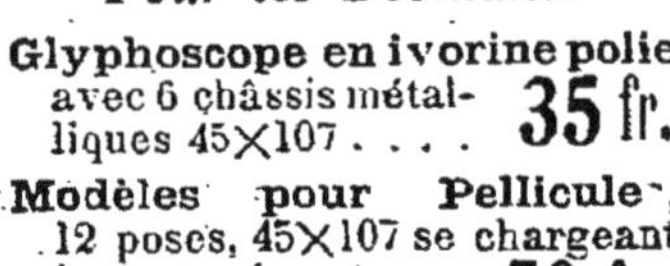

Pour les Initiés

Vérascope ordinaire, objectifs rectilignes, compteur à la main, fait la pose et l'instantané. **175 fr.**

Modèle perfectionné, objectifs rectilignes, compteur automatique, vitesse variable . . . . . . **200 fr.**

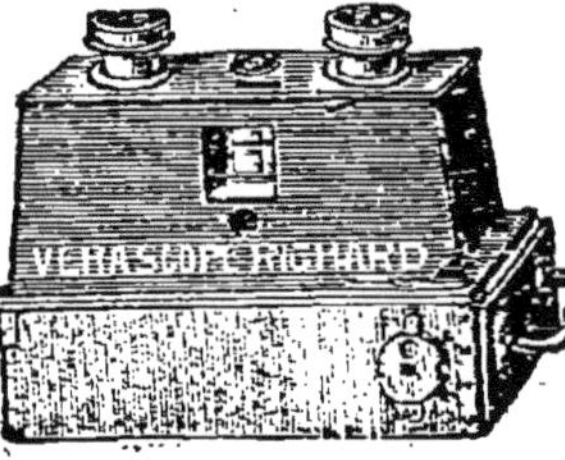

Pour les Dilettantes

Vérascope à grande ouverture F : 6,3, objectifs Zeiss . . **580 fr.**

Modèle F : 4,5, objectifs Zeiss, obturateur à rendement maximum avec auto-déclencheur . . . **625 fr.**

Les vues du **VÉRASCOPE** et du **TAXIPHOTE**, se voient, se projettent, se grandissent avec le

TAXIPHOTE
Breveté S. G. D. G.

Stéréoclasseur distributeur automatique

NOUVEAU !!

TAXIPHOTE réduit et simplifié . . . . **148 fr. 50**

Vente au détail : **rue Halévy, 10 (Opéra)**

Demander les catalogues, rue Mélingue, 25, Paris

Société des Fermes françaises de Tunisie

Société anonyme au capital de 1 100 000 francs

Siège social : **120, rue d'Autriche, Tunis**

La Société a été fondée en 1899 par M. Jules Saurin sous la forme d'une société en commandite par actions et s'est transformée en société anonyme le 29 juin 1905.

OBJET

Elle a pour objet la création des fermes devant être exploitées avec l'aide des cultivateurs français ; l'achat et la vente avec ou sans lotissement de domaines ruraux, de terrains à bâtir ; la création de tous établissements d'industrie agricole. Elle acquiert également des terrains et des domaines en participation avec des capitalistes qui fournissent les capitaux nécessaires, rémunérés par un intérêt de 3 à 4 0/0 et la participation par moitié aux bénéfices de l'entreprise.

ACTIF DE LA SOCIÉTÉ

Elle possède actuellement plus de 11 000 hectares de terres labourables divisés en cinq groupes de domaines (les principaux sont : Saint-Cyprien, à 18 km. de Tunis, le Munchar, à 14 km. de Béja, Guermanez Saadiah), une minoterie et des caves en pleine période d'activité, plus de 70 000 mètres carrés de terrains à bâtir situés à Tunis et 580 hectares dans sa banlieue.

OBLIGATIONS AFFECTÉES A DES OPÉRATIONS IMMOBILIÈRES

Son capital obligations se compose d'un type unique de valeurs : obligations affectées à des opérations immobilières. Ces obligations émises à 480 francs et remboursables à 500 francs rapportent un intérêt annuel de 22 fr. 50 payable par deux coupons semestriels, le 1er mai et le 1er novembre. Elles sont délivrées à bureau ouvert dans la forme au porteur ou nominative.

BONS DE CAISSE

La Société émet aussi des bons de caisse produisant un intérêt de 4 1/2 0/0 et remboursable au bout de 5 à 12 mois ou à une époque après préavis de 5 mois. Les fonds en provenant sont destinés surtout aux achats de blé pour le moulin de Béja et aux achats de raisin pour les caves de Saint-Cyprien.

VISITE DES DOMAINES

Il est accordé à toute personne honorable qui en fait la demande l'autorisation de visiter les domaines de la Société. Dans une après-midi on peut visiter en automobile tous les domaines situés aux environs de Tunis.

Hygiène de la Toilette

La vogue dont jouit le **Coaltar Saponiné Le Beuf** pour les usages de la toilette journalière (*pour le bon entretien des gencives et des dents, les lotions du cuir chevelu, lavage des nourrissons, soins intimes, etc., etc.*) est due à ses qualités **antiseptiques, microbicides, détersives et toniques,** que tout produit, destiné à ces usages, doit posséder. Le **Coaltar Le Beuf** offre ces qualités à un si haut degré qu'elles lui ont valu d'être admis dans les hôpitaux de Paris. Cet excellent produit possède, en outre, l'avantage, très rare chez un véritable antiseptique, de n'être ni irritant, ni toxique; il peut, en conséquence, être laissé entre les mains des plus inexpérimentés.

DANS LES PHARMACIES

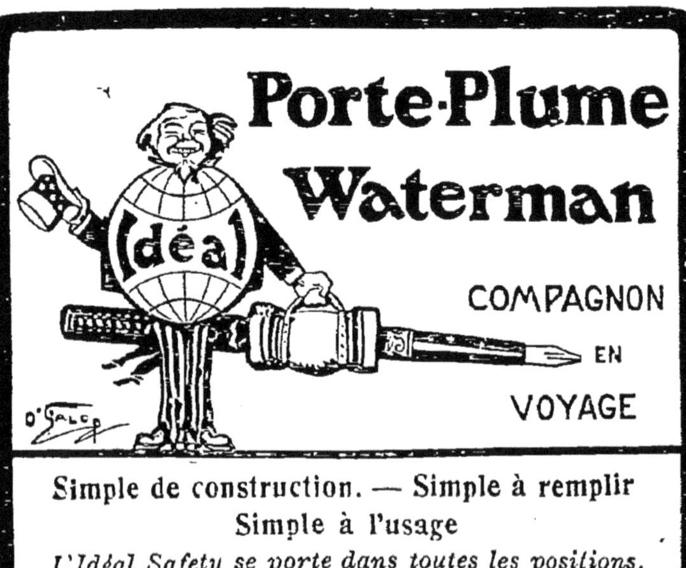

Simple de construction. — Simple à remplir
Simple à l'usage
L'Idéal Safety se porte dans toutes les positions.

COLLECTION DES GUIDES-JOANNE

FONDÉE EN 1840, PAR AD. JOANNE, PUBLIÉE
SOUS LA DIRECTION DE MARCEL MONMARCHÉ

TUNIS

ET SES ENVIRONS

LE BARDO, CARTHAGE, KORBOUS
DOUGGA, KAIROUAN

Cliché Neurdein.

7 PLANS, 2 CARTES ET 15 GRAVURES

LIBRAIRIE HACHETTE ET Cie
79, Bd SAINT-GERMAIN, PARIS

1911

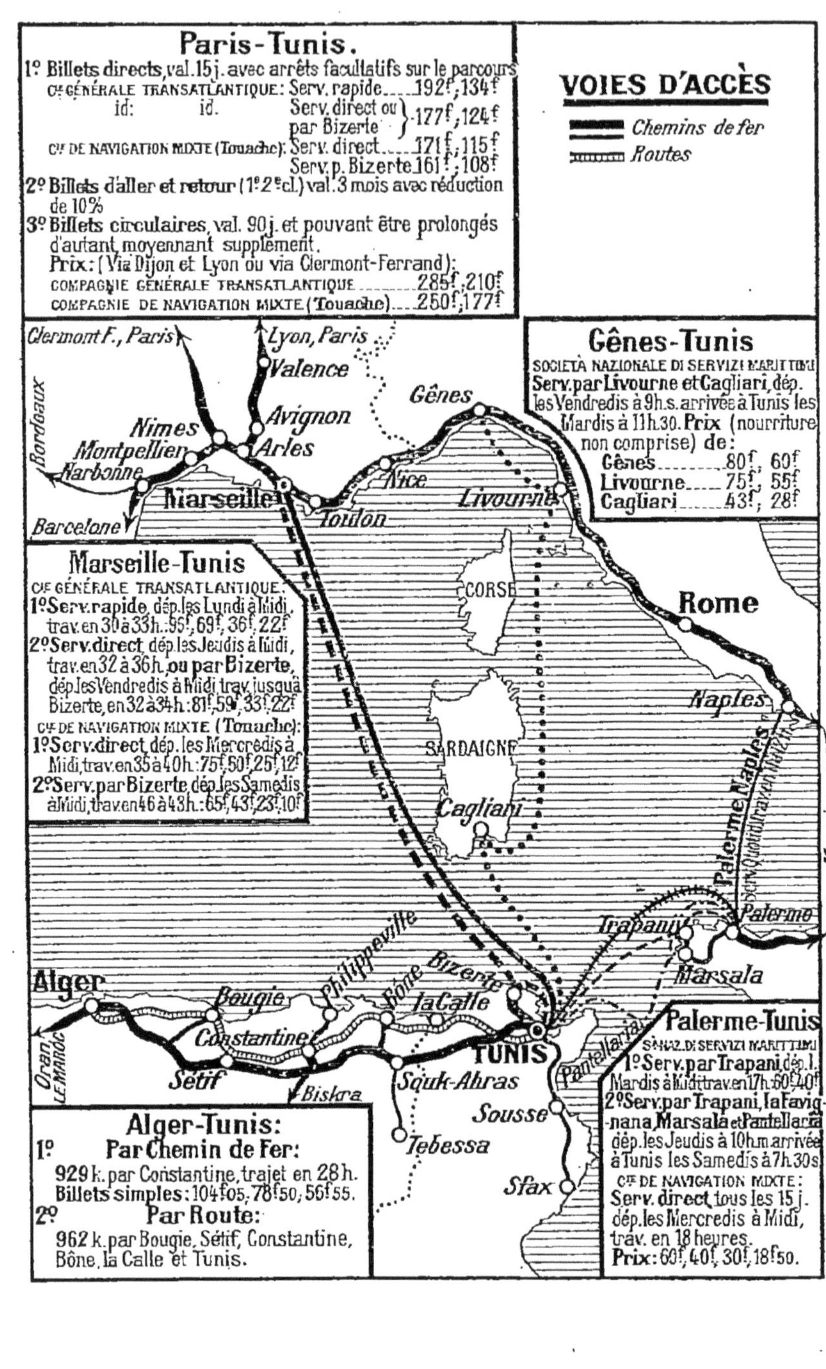

VOIES D'ACCÈS
Chemins de fer
Routes

Paris-Tunis.
1° Billets directs, val. 15 j. avec arrêts facultatifs sur le parcours
C? GÉNÉRALE TRANSATLANTIQUE: Serv. rapide....192f,134f
id: id. Serv. direct ou } 177f,124f
par Bizerte }
C? DE NAVIGATION MIXTE (Touache): Serv. direct....171f,115f
Serv. p. Bizerte 161f,108f
2° Billets d'aller et retour (1°2°cl.) val. 3 mois avec réduction
de 10%
3° Billets circulaires, val. 90 j. et pouvant être prolongés
d'autant, moyennant supplément.
Prix: (Via Dijon et Lyon ou via Clermont-Ferrand):
COMPAGNIE GÉNÉRALE TRANSATLANTIQUE....285f,210f
COMPAGNIE DE NAVIGATION MIXTE (Touache)....250f,177f

Gênes-Tunis
SOCIETA NAZIONALE DI SERVIZI MARITTIMI
Serv. par Livourne et Cagliari, dép.
les Vendredis à 9h.s. arrivée à Tunis les
Mardis à 11h.30. Prix (nourriture
non comprise) de:
Gênes....80f, 60f
Livourne....75f, 55f
Cagliari....43f, 28f

Clermont F., Paris
Lyon, Paris
Valence
Bordeaux
Avignon
Nimes
Montpellier
Arles
Narbonne
Gênes
Marseille
Nice
Toulon
Livourne
Barcelone

Rome

CORSE

Marseille-Tunis
C? GÉNÉRALE TRANSATLANTIQUE:
1°Serv. rapide, dép. les Lundi à Midi,
trav. en 30 à 33h.:95f,69f,36f,22f
2°Serv. direct dép. les Jeudis à Midi,
trav. en 32 à 36h. ou par Bizerte,
dép. les Vendredis à Midi trav. jusqu'à
Bizerte, en 32 à 34h.:81f,59f,33f,22f
C? DE NAVIGATION MIXTE (Touache):
1°Serv. direct dép. les Mercredis à
Midi, trav. en 35 à 40h.:75f,50f,25f,12f
2°Serv. par Bizerte dép. les Samedis
à Midi, trav. en 46 à 43h.:65f,43f,23f,10f

SARDAIGNE

Naples

Cagliari

Palerme Naples

Messine

Trapani
Palerme
Marsala

Alger
Bougie
Philippeville
Bône
Bizerte
la Calle
Constantine
Oran
LE MAROC
Sétif
Biskra
Souk-Ahras
TUNIS
Pantellaria
Sousse

Palerme-Tunis
S? NAZ. DI SERVIZI MARITTIMI
1°Serv. par Trapani, dép. l.
Mardis à Midi trav. en 17h.60f,40f
2°Serv. par Trapani, la Favig-
-nana, Marsala et Pantellaria
dép. les Jeudis à 10h.m arrivée
à Tunis les Samedis à 7h.30 s.
C? DE NAVIGATION MIXTE:
Serv. direct tous les 15 j.
dép. les Mercredis à Midi,
trav. en 18 heures.
Prix: 60f,40f,30f,18f50.

Alger-Tunis:
1° Par Chemin de Fer:
929 k. par Constantine, trajet en 28 h.
Billets simples: 104f05,78f50,56f55.
2° Par Route:
962 k. par Bougie, Sétif, Constantine,
Bône, la Calle et Tunis.

Tebessa
Sfax

TUNIS

RENSEIGNEMENTS PRATIQUES

Arrivée.

Compagnies de navigation : — L'embarquement et le débarquement se font à quai (tram; omnibus des hôtels; agence *Romy* pour le transport des bagages). — Les bureaux de la *Cie Transatlantique* sont r. Es-Sadikia, 3; de la *Cie de Navigation mixte* ou *Touache*, av. Jules-Ferry, 46; de la *Società nazionale di Servizi marittimi*, r. d'Alger, 1.

Gare : — Une seule gare, pl. de la Gare, sur la r. Es-Sadikia (tram; omnibus des hôtels; agence *Romy* pour le transport des bagages).

Renseignements de séjour.

Hôtels : — *Tunisia Palace Hôtel* (Tuor), av. de Carthage, attenant au Casino-Théâtre (ch. de 5 à 10 fr.; pet. déj. 1 fr. 50; déj. 4 fr.; din. 6 fr.; vin non compris; pens. dep. 13 fr.; de juin à octobre, pas de rest.; asc.; ⚿); — *de Paris et Impérial* (J. Audemard), r. Al-Djazira, 23 *bis* (omn. 1 fr.; ch. dep. 4 fr.; pet. déj. 1 fr. 50; déj. 3 fr. 50; din. 4 fr. 50; pens. 13 fr. par j.; ☐; ⚿ à proximité); — *Grand-Hôtel* (Ruschmann), av. de France (omn. 1 fr.; ch. de 4 à 8 fr.; pet. déj. 1 fr. 50; déj. 3 fr. 50; din. 4 fr.; vin non compris; pens. de 12 à 16 fr. par j.; asc.; ☐; ⚿); — *de France* (Waldispul), r. Léon-Roches, 8 (ch. de 3 à 5 fr.; pet. déj. 1 fr. 50; déj. 3 fr.; din. 4 fr.; pens. de 8 fr. 50 à 11 fr. par j.; ☐); — *Gigino* ou *J.-B. Eymon*, r. de l'Église, 1 (ch. de 3 à 6 fr.; pet. déj. 1 fr. 25; déj. 2 fr. 50; din. 2 fr. 50; pens. dep. 8 fr.; chauffage central; bien tenu); — *Moderne* (Troussier), r. de Constantine, 12 (ch. 3 et 4 fr.;

pet. déj. 1 fr.; déj. 3 fr.; dîn. 3 fr.; pens. dép. 8 fr. 50 par j.; chauffage central; ⬚; ⬛); — *Maison-Dorée*, cité Alsace-Lorraine, r. d'Autriche et de Portugal (ch. de 3 à 5 fr.; pet. déj. 60 c. et 1 fr.; déj. 2 fr. 50; dîn. 3 fr.; pens. 8 et 9 fr. par j.; ⬚: ⬛ à proximité); — *Tunis-Hôtel et de Genève*, r. d'Italie, 12 (ch. de 2 fr. 50 à 6 fr.; pet. déj. 1 fr.; déj. 2 fr. et 2 fr. 50; dîn. 2 fr. 50 et 3 fr.; pens. dep. 8 fr. par j.; ⬛ à proximité); — *Nouvel Hôtel et Terminus*, à côté de la gare (modestes); — *Saint-Georges et Suisse* (au même propriétaire, Waldispul), av. de Paris, à mi-chemin du Belvédère (conviendraient surtout pour séjours; pens. de 9 fr. à 12 fr. 50 par j. dans le premier, de 8 à 9 fr. dans le second; jardin et tennis; chauffage central; ⬚: ⬛).

Hôtels meublés : — *Splendid Hôtel*, à l'angle de l'av. Jules-Ferry et de la r. de Hollande (rest. du Phénix au rez-de-chaussée); — *Bellevue*, à l'angle de l'av. de France et de la r. Es-Sadikia (ch. 4 fr.; pet. déj. 1 fr. 25; rest. du café de Paris au rez-de-chaussée); — *Family-Hôtel*, r. d'Allemagne, 15 (table d'hôte à la saison); — *Royal-Hôtel*, r. d'Espagne, 19 (ch. dep. 2 fr. 50).

Restaurants et brasseries-restaurants : — *brasserie du Phénix* (à la carte), à l'angle de l'av. Jules-Ferry et de la r. de Hollande; — *café de Tunis* (*V.* ci-dessous; déj. 3 fr.; dîn. 3 fr. 50); — *Maison-Dorée*, r. de Hollande, 6 (déj. 2 fr. 50; dîn. 3 fr.); — *brasserie de Maxéville*, av. Jules-Ferry, 68; — *du Rosbif*, même av., 55; — *Dîner français*, même av., 65; — *de la Poste*, r. d'Angleterre, 6 (ces derniers rest. modestes). — Assez bonne cuisine italienne au *Chianti*, av. de France, 11.

Au Belvédère, café-rest. *du Belvédère* (ouv. en été seulement), dans le parc même. — A Carthage, rest. *du Pavillon Beau-Séjour*, *Carthaginois*, *Saint-Louis* et *des Citernes*.

Cafés : — *de Tunis*, à l'angle de l'av. de France et de la pl. de la Résidence (très bien situé; nombreux journaux de France); — *du Casino*, av. Jules-Ferry, 64, et av. de Carthage, 1; — *de France*, av. de France, 11; — *de Paris*, même av., 16; — *du Belvédère*, dans le parc; — *brasseries* indiquées ci-dessus. — On peut aller goûter à la *confiserie Truchy*, r. d'Italie, 4.

Bains : — *Européens*, r. d'Allemagne, 17; — *Français*, r. de Suisse, 8; — nombreux *bains maures*, notamment : r. des Teinturiers, 64; r. El-Kaadine, 2 *bis*; r. Fakoussa, 5; bd Bab-Menara, 45.

Postes et télégraphes : — r. d'Italie (bureau central); — bureaux succursales sur le port et pl. Bab-Souïka.

Banques : — *Banque d'Algérie*, r. de Rome, 20; — *Comptoir national d'Escompte*, av. de France, 10; — *Compagnie algérienne*, r. de

Bône, 5 (sera prochainement transférée r. de Rome); — *Crédit fon-
cier d'Algérie et de Tunisie*, r. Es-Sadikia, 8; — *de Tunisie et Transatlantique*, r. Es-Sadikia, 3; — *commerciale tunisienne*, r. d'Alger, 7.

Moyens de transport.

Voitures de place (stations à l'extrémité de l'av. de France,
près de la porte de ce nom, à la gare et r. de Rome) : — la course,
1 fr. à 1 fr. 60; l'h., 1 fr. 80 à 2 fr. 40; la journée, 15 fr. à 20 fr.;
— le périmètre urbain s'étend jusqu'au Bardo et comprend le Belvédère; — il vaut mieux faire prix d'avance.

Autos-taximètres : — 75 c. de prise en charge jusqu'à 750 m.
(pour 2 personnes et en ville) ou jusqu'à 600 m. (pour plus de
2 personnes ou hors la ville) et 10 c. respectivement par 250 ou
par 200 m. supplémentaires; en stationnement, 2 fr. 50 l'h. par
fractions de 10 c.

Tramways électriques (arrêts fixes et facultatifs indiqués
par des poteaux) : — 1° *de la porte de France au port*, toutes les
5 min., 5 c. jusqu'au square J.-Ferry, 10 c. pour le trajet total; —
2° *de la Porte de France à Bab-Djazira et à la Kasba* toutes les 5 m.,
5 c. jusqu'à Bab-Djazira, 10 c. pour le trajet total; pour le trajet
circulaire complet par cette ligne et la suivante, ou inversement,
15 c.; — 3° *de la Porte de France à Bab-Souïka et à la Kasba*, toutes
les 5 min., 5 c. jusqu'à Bab-Souïka, 10 c. pour le trajet total; —
4° *de la Porte de France à Bab-el-Khadra et à l'avenue Carnot*, toutes
les 7 min. 1/2, 5 c. jusqu'à l'av. de Londres, 10 c. jusqu'à Bab-el-
Khadra, 15 c. pour le trajet total; — 6° *de la Porte de France aux
Abattoirs* (Sidi-bel-Hassen), toutes les 15 min., 5 c. jusqu'à l'Hôtel
de Ville, 10 c. jusqu'à Bab-Alleoua, 15 c. pour le trajet total; —
6° *de la rue de Rome au Belvédère*, toutes les 7 min. 1/2, 5 c. jusqu'à
l'av. de Londres, 10 c. pour le trajet total (15 c. le dim. et passé
8 h. s.); — 7° *d'Al-Djazira à Bab-bou-Saadoun* (par la gare et la
Résidence), toutes les 8 min., 4 sections de 5 c. chacune ayant
pour points séparatifs la Résidence, l'intersection de l'av. de Paris
et de l'av. de Londres, enfin Bab-Souïka, 15 c. pour le trajet total;
— 8° *de Bab-Souïka* (corresp. avec les lignes 3° et 7°) *au Bardo et à
la Manouba*, toutes les 15 min. pour le Bardo, toutes les 30 min.
pour la Manouba, 15 c. jusqu'au Bardo, 15 c. du Bardo à la
Manouba, 30 c. pour le trajet total; — 9° *de la rue de Rome à
l'Ariana* (par le Belvédère, ligne 6°) toutes les 15 min., 30 c. de la
r. de Rome, 20 c. du Belvédère. — 10° et 11° *de l'avenue Jules-Ferry
à la Goulette, à Carthage et à la Marsa*, toutes les h. à l'h. 15, et
de l'avenue de Paris à l'Aouïna et à la Marsa, toutes les h. à l'h. 48,

les deux stations de la Marsa, *Marsa-plage* et *Marsa-ville*, étant
raccordées l'une à l'autre; prix uniformes, sur les deux lignes,
quelle que soit la destination. de 1 fr. 20 et 65 c. (billet simple),
1 fr. 75 et 1 fr. (all. et ret.), 2 fr. 25 et 1 fr. 50 (abonnement d'une
journée). — Les voyageurs empruntant deux lignes en contact du
réseau urbain ont droit à un billet de correspondance; ils paient
15 c. pour 4 sections et 5 c. de supplément pour chacune des sections en plus.

Garages d'autos : — *Peyrard*, r. de Belgique, près de la gare, et
r. d'Angleterre (50 à 60 c. le k. pour des landaulets à 3 ou 4 places);
— *Auto-palace*, r. d'Autriche prolongée (70 c. à 1 fr. 25 le k. suivant voitures); — *Auto-garage parisien*, av. Jules-Ferry, 45 (mêmes
tarifs de 70 c. à 1 fr. 25 le k.); — *Tunisienne automobile*, r. de Grèce, 8.

Cycles : — Plusieurs loueurs av. de Paris, 11, 13, 17, etc., et
r. Saint-Charles, 4 et 10.

Agences de voyages : — *Lubin*, av. de France, 5 (organise à
la saison des excursions collectives en automobile à Dougga,
Zaghouan, Kairouan et El-Djem, etc.); — *Kœnig*, r. Es-Sadikia, 1;
— *Eisen*, r. Léon-Roches, 6 (spécialité de parties de chasse). —
L'agence *Romy*, r. de Grèce, 6, se charge du transport des bagages
en gare et aux paquebots.

Distractions et sports.

Théâtres : — *Municipal*, au Casino, av. Jules-Ferry (fauteuils
d'orchestre, 3 fr. 50, de balcon 3 fr. 50 et 4 fr. 50, loges de 4 pl.
16 fr., de 6 pl. 22 fr. 50, de 8 pl. 28 fr.); — *Rossini* (représentations
en français et en italien), av. Jules-Ferry.

Cafés-concerts : — en hiver, représentations dans le hall du
Casino (entrée par l'av. de Carthage, 50 c. et 1 fr.); en été des
représentations genre café-concert sont données au café-rest. du
Belvédère; — *danses indigènes* tous les soirs au café de la pl. Sidi-
Baïan.

Comité d'hivernage : — av. de Carthage, 8; bureau de renseignements ouv. de 8 à 11 h. et de 2 à 5 h.

Cercles : — un *cercle des étrangers*, ouv. sur simple demande
aux hiverneurs et aux touristes, est organisé au **Casino-Théâtre**,
av. Jules-Ferry, *V.* p. 20.

Divers.

Librairies : — *Saliba* (plan de Tunis), *Niérat et Fortin*, *Picard*
(plan de Tunis) et *Danguin*, tous av. de France.

Journaux : — *La Dépêche tunisienne* (quotid.); — *La Tunisie française* (quotid.); — *L'Unione* (quotid.; italien).

Photographie : — *Garrigues, Lehnert et Landrock, Soler, Combarel*, tous av. de France (photographes); on trouvera aussi des vues et des cartes postales chez les libraires ci-dessus; — pour les fournitures photogr., *V. Bazars*.

Curiosités arabes (ne pas craindre de marchander en rabattant beaucoup; on aura généralement avantage à ne pas recourir à l'intermédiaire des guides attachés aux hôtels) : — *Boccara frères*, souk des Femmes, 35; — *Ahmed Djamal*, souk El-Attarine et r. d'Autriche (objets courants, pour la plupart de provenance orientale); — *Barbouchi*, souk des Etoffes et souk El-Trouk (mêmes articles); — *Mebazaa*, souk de la Laine, 31 (mêmes articles); — *Bahroun*, souk El-Leffa, etc. — On aura chance de trouver des objets antiques intéressants chez *Chavanne frères*, r. de Rome, 1, et des bijoux tunisiens curieux chez les mêmes et chez *Ladislas*, av. de France, 4; chez *Teynier*, même av., 12, reproductions de bijoux puniques.

Bazars, articles de voyage : — *Magasin général* (*Bortoli frères*), av. de France, 22 (très bien assorti); — *Orosdi-Back*, r. Es-Sadikia, 13, et r. d'Allemagne, 2; — ces maisons, spécialement la première, possèdent à peu près tous les articles dont pourront avoir besoin les touristes, compris les nouveautés et vêtements, ainsi que les fournitures photographiques et cyclistes.

Fruits et primeurs (colis postaux) : — *Meyer*, r. d'Allemagne; — *L. Audemard*, r. de Suède, 9, près de l'hôtel de Paris; — *Coupin*, r. d'Italie, 9; — *Timsit*, même r., 15.

Sociétés diverses : — *Hôtel des Sociétés françaises*, av. de Paris, 20; — *Comité des fêtes* (s'informer au Contrôle civil); — *Club Alpin Français* (section de Carthage), av. de France, 8; — *Touring-Club* (délégué général, M. Paulhier, professeur au lycée Carnot); — *Institut de Carthage* (Revue tunisienne), av. de Paris, 20.

Consulats : — *d'Angleterre*, pl. de la Bourse, 9; — *d'Allemagne*, r. Zarkoun, 12; — *d'Espagne*, r. Sidi-el-Bouni, 2; — *d'Autriche-Hongrie*, r. de la Commission, 33; — *d'Italie*, r. Zarkoun, 5; — *des États-Unis d'Amérique*, r. Es-Sadikia, 28; — *de Russie*, r. d'Angleterre, 23; — *de Belgique*, r. des Selliers, 60.

Tunis. Mosquée Ez-Zitouna.

Cliché de M. J. Valensi.

Porte de France.

TUNIS

Principales curiosités : — Quartier des Souks (p. 12); — MOSQUÉES ET DAR-EL-BEY (p. 12 et 14); — QUARTIER HALFAOUINE (p. 18); — Parc du Belvédère (p. 22); — SIDI-BEL-HASSEN (p. 23).

Emploi du temps. — Tunis peut assez aisément se visiter en une journée, bien qu'il soit préférable de lui en consacrer deux. — Le matin, on parcourra les *Souks* et le quartier central de *Médina* (p. 11, qui renferme les principales mosquées (où l'on ne peut entrer, mais dont les extérieurs sont intéressants) et on visitera le *Dar-el-Bey* (p. 14); on ira également dans le faubourg de Bab-Souïka, jusqu'à la *place Halfaouine* (p. 18), et, si l'on a le temps, on poussera, dans celui de Bab-Djazira, jusqu'au *château d'eau* de Bab-Sidi-Abdallah (p. 18). La ligne circulaire des trams électriques permettra d'accomplir sans perte de temps les trajets qu'on ne voudra pas faire à pied, laissant voir au passage les vieilles *portes* subsistantes de l'enceinte intérieure, la *Kasba*, le *collège Sadiki*, le *Palais de Justice*. — L'après-midi, on se promènera dans la *ville européenne* (p. 19), jetant un coup d'œil à l'*Hôtel des Postes*, à l'avenue *Jules-Ferry* et au *port*. Des touristes expéditifs pourront ensuite se rendre d'abord à *Sidi-bel-Hassen* (p. 23), puis aller achever l'après-midi au *Belvédère* (p. 22). Ceux qui ne voudront pas faire les deux courses donneront la préférence au Belvédère. — Le soir, les amateurs de danses indigènes pourront se rendre dans un café de la *place Sidi-*

Baïan, sur la g. de la rue Bab-Souïka (de la porte de France, 5 c.), où des représentations sont données tous les jours (après 8 h.; installations des plus simples) par des danseuses juives.

TUNIS, capitale de la Tunisie, pays d'env. 1,800,000 à 1,900,000 hab. et de 100,000 k. carrés, gouverné par un bey sous le protectorat de la France, et la ville la plus importante par le chiffre de sa population des possessions françaises du Nord de l'Afrique, résidence du Ministre de France résident général et des chefs des services qui constituent le gouvernement du protectorat, est situé par 36° 47' 39" de lat. N. et 7° 51' de long. E., sur la rive g. de la lagune ou lac qui porte son nom, à 10 k. env. de la mer.

Sa population est évaluée à 215,000 hab., dont 15,000 Français, 50,000 étrangers, pour la plupart Italiens ou Maltais, 25,000 israélites et le surplus indigènes musulmans.

A Tunis, deux villes se trouvent juxtaposées sans se confondre : la vieille ville indigène, qui s'étale au flanc de collines à pentes douces, à quelque distance du lac; la nouvelle ville européenne, qui se développe en damier dans des terrains plats et bas entre l'ancien Tunis et le lac. — La vieille ville elle-même comprend trois parties très distinctes : Médina ou la cité, au centre, qui représente l'agglomération primitive, dont quelques portes encore debout rappellent l'enceinte de forme à peu près ovale, remplacée maintenant par une ceinture de rues et de boulevards; le *rebat* ou faubourg Bab-Souïka au N.; le *rebat* ou faubourg Bab-Djazira au S. — A l'O. de Médina, sur la crête de la colline, s'élève la Kasba, à laquelle se rattache des deux côtés une vaste enceinte extérieure enveloppant les deux faubourgs sur les trois faces de l'O., du N. et du S., mais s'interrompant sur la face E. au droit de la ville européenne. — Médina mesure env. 1,400 m. du N. au S. sur 600 m. de l'E. à l'O., et l'ensemble des quartiers indigènes près de 3 k. sur 1 k. Si l'on y joint la ville européenne, Tunis couvre une superficie de 5 à 6 k. carrés.

Tunis a une température hivernale un peu moins douce qu'Alger, et le thermomètre s'y abaisse parfois au dessous de 0°; la moyenne du mois le plus froid s'y élève néanmoins à 10°,8, celle de l'hiver entier à 11° et celle du printemps à 15°,8. Les vents y sont parfois violents et désagréables, mais les pluies sont moins fréquentes qu'à Alger. En dépit des bas-fonds marécageux qui bordent les rives du lac, la salubrité ne laisse rien à désirer.

L'heureuse idée qu'a eue l'administration du protectorat de respecter les quartiers indigènes donne à Tunis quelque chose du charme et de l'originalité d'une ville orientale.

Un réseau fort bien tracé de trams électriques permet de circuler commodément et avec rapidité.

Histoire. — Tunis existait dès l'époque carthaginoise sous le nom de *Tunes*, mais il fut naturellement fort éclipsé dans l'antiquité par sa voisine Carthage. Ce fut sous les Aglabites, vers la fin du ixe s., que Tunis remplaça Kairouan comme capitale politique du pays. En 1270, la ville fut attaquée sans succès par St Louis, qui mourut dans son camp de Carthage (*V.* p. 34). Conquis par Kheïr-ed-Dine sur l'un des derniers princes hafsides en 1533,

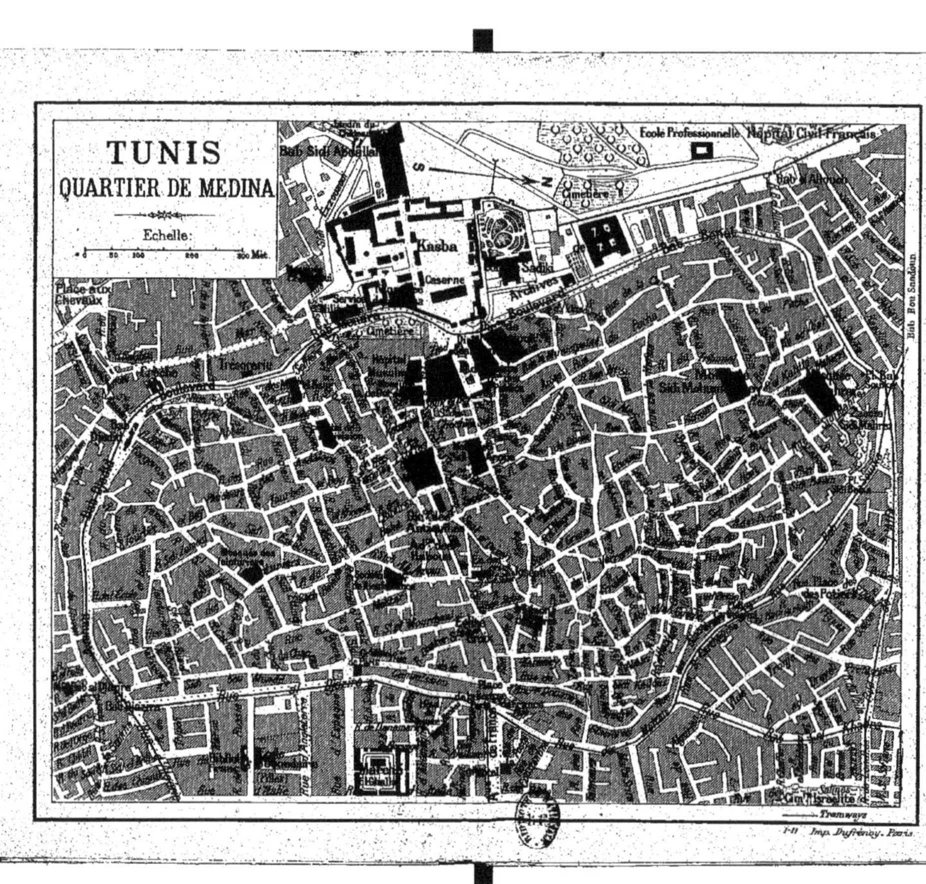

TUNIS
QUARTIER DE MEDINA
Echelle:
0 50 100 200 300 Mèt.
Jardin du
Bab Sidi Abdallah
Ecole Professionnelle Hôpital Civil Français
Bab el Aouaoui
Cimetière
Kasba
Caserne
Sadika
Archives
Bab Bou Saadoun
Place aux
Chevaux
Cimetière
Trésorerie
Sidi Mahrez
Sidi Mahrez
Cim. Israélite
Tramways
I-II Imp. Dufrénoy. Paris.

Tunis fut, deux ans plus tard, occupé par Charles-Quint et tomba sous le protectorat espagnol. Il fut soustrait à ce protectorat par le beglierbeg d'Alger Eudj-Ali, qui y mit garnison en 1569, puis y fut soumis de nouveau à la suite de l'intervention un instant victorieuse de don Juan d'Autriche en 1573; mais il fut définitivement reconquis par les Turcs dès l'année suivante. Son histoire propre n'offre plus désormais d'autres épisodes saillants qu'une invasion algérienne en 1689 et notre occupation en 1881.

I. — Quartier de Médina.

L'avenue de France (*V.* ci-dessous, p. 19), par laquelle on accède de la ville européenne au cœur de la ville indigène, sera le plus souvent prise comme point de départ pour la visite de celle-ci.

Le quartier de **Médina**, auquel l'administration tunisienne veut, fort judicieusement, conserver toute sa couleur locale, n'est traversé par aucune ligne de tram, mais son pourtour entier est desservi par une ligne circulaire établie le long des voies qui le séparent des faubourgs, dont les deux itinéraires, de l'avenue de France à la Kasba (10 c. chacun, 15 c. pour le tour complet) sont les suivants : à dr., entre Médina et le faubourg Bab-Souïka, la rue des Maltais, la rue et la place Bab-Souïka, le boulevard Bab-Benat; à g., entre Médina et le faubourg Bab-Djazira, la rue Al-Djazira, l'avenue Bab-Djedid, le boulevard Bab-Menara.

A l'extrémité O. de l'avenue de France et en face de la station des trams s'élève la **Porte de France**, que les anciens Tunisiens appelaient *Bab-el-Bahar*, la *porte de la mer*, parce qu'elle donnait passage au chemin du port. C'est une grande baie en arc brisé, qui a conservé ses lourds vantaux, maintenant toujours ouverts.

On la franchit et on débouche sur la petite *place de la Bourse*, généralement très animée. — Cette place était, sous le régime beylical d'avant le protectorat, le centre du *quartier franc*, où résidaient les Européens et leurs consuls. Le *consulat d'Angleterre* occupe toujours une des maisons de la place (à dr.), et ceux de la plupart des principales nations sont également restés installés dans les rues adjacentes : *de la Commission* (Autriche-Hongrie) et *Sidi-el-Bouni* (Espagne), sur la g.; *Zarkoun* (Italie, Allemagne), sur la dr. — C'est dans la *rue de l'Ancienne-Douane* (à dr. de la place de la Bourse), au n° 15 (maison *Chapelié*), que se trouve l'ancien *fondouk des Français*, qui fut, avec le n° 5 qui l'avoisine, la résidence du cousul de France de la fin du xvi° s. au milieu du xix° s., jusqu'au transfert du consulat sur l'emplacement de la résidence actuelle (*V.* p. 20). Il a conservé à peu près intact son aspect primitif (visible sur demande).

Sur le côté de la place opposé à la Porte de France s'ouvrent deux rues qui conduisent l'une et l'autre au centre de la ville indigène : à g., la **rue de l'Eglise** ou **Zankat Mordjani**, à dr., la **rue de la Kasba**, anciennement *Zankat Touïla* ou *rue Longue*. On prendra de préférence la première. Pour la rue de la Kasba, qui traverse Médina dans toute sa largeur, *V.* p. 16.

Presque à l'entrée de la rue de l'Eglise, à g., se trouve la modeste *église Sainte-Croix*, qui lui a donné son nom. Elle est installée dans des constructions indigènes, tant bien que mal aménagées en vue de leur nouvelle destination; dans le presbytère attenant sont conservées deux inscriptions chrétiennes provenant de la Mohamedia (*V.* p. 49), où se lisent les noms de trois évêques et d'un sous-diacre de l'ancienne église d'Afrique. — Plus loin, à dr., sont les *bureaux de l'administration des biens habous ou djemaïa*. — A dr. aussi, avant la voûte qui suit, s'ouvre la *rue des Tamis*, par laquelle on peut accéder aux Souks (*V.* ci-dessous).

Dans sa partie haute, la rue de l'Eglise s'engage sous une longue voûte, où se trouve (au n° 73) la *Direction des Antiquités*.

Au sortir de la voûte, on aperçoit devant soi une élégante *colonnade* qui dépend de la **Grande-Mosquée**, ordinairement appelée par les indigènes **Djama-ez-Zitouna**, la *mosquée de l'olivier*. Ce monument, qui comporte de multiples annexes et dont on appréciera l'étendue et les dispositions des terrasses du Dar-el-Bey (*V.* p. 14), occupe une vaste superficie au centre du quartier des Souks. La plupart des constructions datent du xiiie au xve s.; on y a employé des fûts de colonnes et des chapiteaux byzantins, ainsi que des fragments antiques divers; la salle même de la mosquée est du type classique de Sidi-Okba de Kairouan (*V.* p. 61). Outre la colonnade ci-dessus, les touristes devront se contenter d'en admirer l'imposant *minaret* (se voit très bien de la rue Sidi-ben-Ahrous; *V.* ci-dessous), haut de 44 m. et totalement réédifié en 1894 par deux architectes indigènes qui se sont inspirés de l'ancien, sans le copier exactement. Selon une tradition, ce minaret occupe l'emplacement d'une église chrétienne.

De la Grande-Mosquée dépend une *université* musulmane importante. Plus de 400 cours, dont 150 consacrés à la seule grammaire, y sont professés par un personnel enseignant qui dépasse la centaine. Pour ceux des étudiants dont la famille n'habite pas Tunis ont été fondées par de généreux donateurs 22 *médersa*, qui disposent de 450 chambres.

En prenant à dr., par la *rue Zitouna*, on arrive aux **Souks**, série de passages et de rues qui bordent des échoppes où sont installés des marchands et des artisans. Ces souks sont la grande curiosité du Tunis indigène. Ils comportent un grand nombre de petites boutiques s'ouvrant sur des voies généralement couvertes de voûtes ou de toitures en planches; chacun des différents corps de métiers occupe une ou plusieurs rues à l'exclusion des autres. Aux extrémités des quartiers affectés aux diverses corporations sont des portes qu'on peut fermer, de façon à clore et à isoler ces quartiers les uns des autres. L'origine de la plupart des souks actuels remonte au xiiie s., à l'époque des Hafsides, sous lesquels Tunis semble avoir été une place industrielle et commerciale de première importance. — C'est le matin d'assez bonne heure que l'animation est la plus grande et le spectacle le plus original. On recommande tout spécialement les séances de vente à l'encan des étoffes et des vêtements qui ont lieu chaque matin au Souk-el-Trouk, ainsi que celles des bijoux au Souk-el-Berka.

Les touristes seront souvent importunés par les rabatteurs des trafiquants d'objets indigènes ou prétendus tels; il sera parfois nécessaire de s'en débarrasser avec quelque rudesse. — Tunis a toujours été et reste encore un centre de fabrication assez actif, notamment pour les étoffes et les tra-

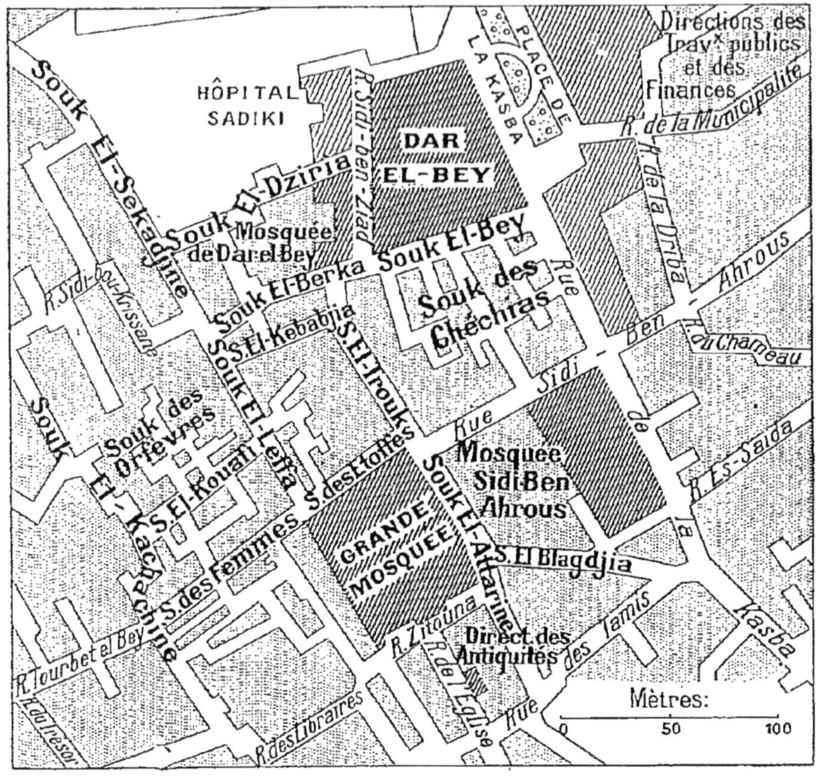

QUARTIER DES SOUKS

vaux en cuir; les articles offerts en vente n'en sont pas moins, pour la plupart, soit de provenance orientale ou algérienne, soit de fabrication européenne. Tout naturellement, il ne faut point craindre de marchander, les prix étant très surfaits; il est préférable de se passer d'intermédiaire.

On décrit ci-dessous un itinéraire dans les principaux souks. Il n'est donné qu'à titre d'indication et pour aider à s'orienter lors d'une première visite. En général, les touristes auront profit et amusement, non à visiter méthodiquement ce quartier, mais à s'y promener quelque peu au hasard, s'arrêtant aux spectacles qui, suivant l'heure et le jour, leur sembleront de nature à retenir leur attention. Les plaques indicatrices ne manquant pas, le plan ci-dessus leur permettra toujours de ne point s'y égarer, malgré l'apparence inextricable que présente au premier aspect le dédale des galeries, des impasses et des passages.

Quand on vient de la rue de l'Eglise, qu'on prenne par la rue des Tamis ou par la rue Zitouna, on pénètre dans le *Souk-el-Atta-rine* ou *des parfumeurs*. A dr. y débouche le *Souk-el-Blaqdjia* ou *des babouches*, longue galerie assez étroite qui s'étend jusqu'à la rue de la Kasba; à g., est la Grande-Mosquée. Du Souk-el-Attarine, on continuera, droit devant soi, par le *Souk-el-Trouk* ou *des tailleurs*, qui est fort intéressant; c'est une galerie large et animée en pente assez forte, couverte en lambris ajourés et dont les boutiques sont encadrées par des colonnes aux fûts bariolés. En haut, prendre à g. par le *Souk-el-Berka*, au milieu duquel une petite place carrée représente l'ancien *marché aux esclaves*.

Au bout du Souk-el-Berka, on trouve à dr. le *Souk-el-Sekadjine* ou *des selliers* et à g. le *Souk-el-Leffa*. Le premier, passablement étroit, mais fort long et qui ne se termine qu'au boulevard Bab-Menara (*V.* p. 15), est des plus attrayants au point de vue de l'industrie locale, dont les traditions en matière de harnachements sont restées assez vivantes; on y verra, au ras du sol, le tombeau d'un marabout enterré en pleine rue. Après l'avoir parcouru, on reviendra sur ses pas et on descendra le Souk-el-Leffa. A dr., *Souk-el-Kouafi*, sur lequel s'ouvre le *Souk des orfèvres*, série d'impasses où sont des coins curieux. Du bas du Souk-el-Leffa, après avoir exploré (à dr.) le *Souk des femmes*, on prendra (à g.) par le *Souk des étoffes*, dont les voûtes sont soutenues par des colonnes trapues aux chapiteaux peints de couleurs vives. On regagnera ainsi l'intersection du Souk-el-Attarine et du Souk-el-Trouk, et, poursuivant tout droit, on continuera par la *rue Sidi-ben-Ahrous*. A g. de celle-ci, galeries voûtées du *Souk des chéchias*, où quelques boutiques sont remarquables par leurs élégantes boiseries.

Des deux mosquées voisines de la Grande-Mosquée, de la **mosquée de Sidi-Youssef** ou de **Dar-el-Bey**, qu'on appelle aussi la *mosquée du cordonnier*, sur la **rue Sidi-ben-Ziad**, et de la **mosquée de Sidi-ben-Ahrous**, sur les rues Sidi-ben-Ahrous et de la Kasba, dépendent de charmants édifices étroitement apparentés, qui sont des *pavillons* carrés de travail italien (début du xviie s.), qu'on voit de l'extérieur. Les *minarets* octogonaux de ces mosquées (même époque) se ressemblent également beaucoup : l'un et l'autre sont d'une rare élégance et d'un merveilleux effet décoratif.

A proximité de Sidi-Youssef, tout en haut du quartier des Souks (s'y rendre par le *Souk-el-Bey*), se trouvent les vastes bâtiments du **Dar-el-Bey**, la *maison du bey*, dont l'entrée s'ouvre sur le côté S. de la **place de la Kasba**, à l'extrémité de la rue du même nom.

On y peut visiter (modique rétribution au gardien) les appartements beylicaux situés au 1er étage et disposés autour d'une *cour* couverte, d'aspect assez agréable. Leur décoration présente parfois de jolis détails.

La visite commence généralement par la *salle des gardes* (faïences de Kamart), puis se continue par la *salle à manger*, le *salon* (des fenêtres du fond, beau coup d'œil sur Tunis), la *chambre à coucher* et enfin le *salon des ministres*, qui est la plus belle pièce et dont les plafonds, ornés de ces élégants plâtres ouvragés dits *noukch hadida* pour lesquels les ouvriers tunisiens étaient autrefois renommés, sont vraiment intéressants.

On ne manquera pas de faire l'ascension des *terrasses*, d'où l'on jouit d'un panorama superbe. On y a en particulier des vues plongeantes sur le quartier environnant, qui permettent de reconnaître les dispositions des mosquées dont il a été question ci-dessus (en particulier celles de Sidi-Youssef).

Le bey tient séance au Dar-el-Bey tous les lundis de 8 à 11 h. du mat. ; les touristes n'y seront pas admis, mais pourront jouir, à l'entrée ou à la sortie, du spectacle de l'escorte beylicale.

Les côtés E. et N. de la place de la Kasba, dont le centre est occupé par un square, sont bordés de constructions affectées aux

Cliché de M. J. Valensi.

Souk des selliers.

Directions des Travaux publics et des Finances; les *bureaux de l'Administration générale* sont au Dar-el-Bey (joli café indigène sur la place). Le côté O. est longé par le boulevard circulaire, au delà duquel s'élève la **Kasba**. Ce n'est maintenant qu'une vaste caserne, entièrement reconstruite à neuf sur l'emplacement de l'ancienne citadelle, dont il ne subsiste plus rien.

Sur la g., en bordure du *boulevard Bab-Menara*, on remarquera la **mosquée de la Kasba**, qui date, d'après une inscription en caractères coufiques, du VII⁰ s. de l'hég. (XIII⁰ s.); son *minaret* carré, que de récents travaux viennent de dégager et de restaurer, est d'un très bon style. — La construction à multiples rangées d'arcades qu'on aperçoit un peu plus loin est celle des *Services militaires.* — En prenant à dr., après avoir dépassé les Services militaires, par le *Souk des sacs* et la *rue Sidi-Ezouaoui*, on atteint en quelques minutes le château d'eau (*V.* p. 18).

Sur la dr., en bordure du *boulevard Bab-Benat*, se trouve la *Direction de l'Agriculture*. En face, dans une situation admirable, en contrehaut du boulevard, a été édifié, en un style pseudo-moresque assez élégant, le *collège Sadiki*, établissement d'instruction fondé par le bey Mohammed-es-Sadok (mort en 1882) et destiné aux jeunes musulmans tunisiens.

A côté s'élève le **Palais de Justice**, construction considérable achevée en 1901. Sa façade principale sur le boulevard est monumentale, mais d'aspect un peu lourd. Une galerie, que supportent des colonnes accouplées, règne au premier étage ; ses parois sont garnies de faïences tunisiennes d'un heureux effet décoratif provenant d'anciens édifices. — A proximité, un quartier européen s'est créé entre le boulevard Bab-Benat et l'enceinte extérieure ; de ces terrains élevés, on a généralement de belles vues.

En prenant à g. du boulevard par la *rue Bab-el-Allouch*, on arrive à la porte de ce nom, à l'extérieur de laquelle a été construit, sur une superficie de plus de 10 hect., un magnifique *Hôpital civil* (400 lits env.). En face, *école professionnelle Emile-Loubet*.

De la Kasba, les touristes craignant la marche pourront regagner l'avenue de France par le tram (10 c.) ; il sera plus intéressant de traverser de nouveau Médina par un itinéraire différent de celui qu'on aura déjà suivi. — Le plus court sera par la rue de la Kasba. Les *Frères des Ecoles chrétiennes* ont, au n° 31 de cette rue, un établissement qui occupe l'emplacement de l'ancienne maison des Lazaristes. Là se trouve la première chapelle chrétienne fondée à Tunis dans les temps modernes ; c'est une très modeste salle construite au XVII⁰ s. par le P. Le Vacher.

On préférera sans doute un itinéraire moins direct, traversant, soit les quartiers du S., soit ceux du N., où l'on manquera rarement de spectacles intéressants ou pittoresques et où l'on retrouvera aisément son chemin grâce au plan détaillé de cette partie de la ville. — Dans les premiers se trouvent : l'*hôtel de la Division* ou *Dar Hussein*, très belle maison indigène, qu'on ne peut visiter qu'exceptionnellement (on demandera d'être admis au moins dans le patio d'entrée, qui est fort intéressant) ; la *mosquée d'El-Ksar*, qui est ancienne (XIᵉ ou XIIᵉ s. ; le minaret est du XVIᵉ s.) et de construction très simple ; le *Tourbet-el-Bey*, sur la rue du même nom, monument carré surmonté de petites coupoles à tuiles vernissées, où se trouvent les tombeaux des beys (ne se visite pas) ; la *mosquée des teinturiers*, sur la rue de ce nom, ou *Djama-Djedid*, à minaret octogonal ; enfin la pittoresque *Bab-Djedid*, la *porte neuve*, qui, malgré ce nom, se trouve un des morceaux d'architecture les plus vénérables de Tunis, étant le seul témoin subsistant de l'enceinte du temps des Hafsides (XIIIᵉ s.). — Dans les seconds, il n'y a guère à signaler que la *mosquée de Sidi-Mahrez*, sur la rue du même nom et non loin de la place Bab-Souïka, grande bâtisse du XVIIᵉ s. qui attire de loin l'attention par sa masse et le nombre de ses coupoles. Le *quartier juif*, qui n'a rien de bien curieux, occupe l'angle N.-E. de Médina, entre la rue de la Kasba et la *place Bab-Carthagina*. On y remarquera seulement le costume des femmes, aux pantalons étroits et aux vestes de couleur voyante.

Bab Djedid.

Cliché de M. J. Valensi.

II. — Faubourg Bab-Souïka.

Deux lignes de tram traversent ce faubourg, l'une conduisant de la Porte de France à *Bab-el-Khadra*, par la rue de ce nom (10 c. ; extension sur le Belvédère, *V.* p. 22), l'autre de la Résidence à *Bab-bou-Saadoun* par la *rue de l'Alfa*, la *place Bab-Souïka* et la *rue Bab-bou-Saadoun* (15 c. ; corresp. Bardo-Manouba, *V.* p. 24).

Le point le plus intéressant est le **quartier Halfaouine**, où l'on se rendra de la place Bab-Souïka, desservie à la fois par la ligne circulaire et par celle du Bardo. La **place Halfaouine**, sur laquelle se trouvent une élégante *fontaine* et une belle *mosquée* construite au xviiie s. par Youssef Sahab-et-Taba (le maître du cachet, chancelier d'Hamouda-pacha), en est le centre ; elle est toujours très animée et on y pourra observer la véritable vie indigène des Tunisiens d'état médiocre. Pendant le Ramadan s'y tient une façon de fête foraine qui dure tout le mois et qui ne manquera pas d'intéresser les touristes. — Au N. de la place s'ouvre le *Souk-el-Djedid* : les échoppes en sont occupées par des tisseurs de soie, dont l'industrie est restée assez active.

Un autre coin assez curieux est le *quartier des potiers* ou *Guallaline*, non loin de Bab-Carthagina, où sont encore en usage des fours semblables aux fours antiques. Des poteries en provenant sont vendues place Bab-Souïka, concurremment avec des poteries de Nabeul.

III. — Faubourg Bab-Djazira.

Ce faubourg est médiocrement intéressant. Cependant, on fera bien, si l'on a le temps, d'en parcourir la partie haute. En quittant le boulevard circulaire, *avenue Bab-Djedid* ou boulevard Bab-Menara, à hauteur de Bab-Djedid (*V.* ci-dessus ; tram 10 c.), et en prenant par le *Souk-el-Aassar*, le *Souk des armes* et la *rue Sidi-Essaïd*, on arrivera à la *place aux Chevaux*, sur laquelle se trouvent la *caserne Saussier* et le *collège Alaoui* (école normale destinée à former le personnel enseignant de la Régence, tant européen qu'indigène).

De là, si l'on tourne à g., par un chemin qui longe en contre-bas un cimetière musulman planté d'arbres, on franchit l'enceinte extérieure à *Bab-el-Gorjani* et on atteint l'arête de *la Manoubia*, qui domine à l'O. le bassin généralement à peu près à sec de la Sebkha Sedjoumi (*V.* p. 22), à l'E. celui du lac de Tunis ; de ce point l'on jouit d'une vue merveilleuse. — Plus bas, adossé à l'enceinte, *hospice des Petites-Sœurs des Pauvres*. — De là, les promeneurs pourront revenir au quartier européen, en descendant sur les Abattoirs (*V.* p. 23).

De la même place aux Chevaux, si l'on tourne à dr., en suivant la *rue Abd-el-Oiheb*, la *place des Moutons* et la *rue du Réservoir*, on arrive, tout contre *Bab-Sidi-Abdallah*, à un petit *jardin* agréablement planté, en arrière duquel un **château d'eau** reçoit et distribue les eaux servant à l'alimentation de Tunis et de sa banlieue.

Ces eaux proviennent pour partie des sources de Zaghouan (*V.* p. 50) et de Djoukar, qui avaient été amenées à Carthage par les Romains au second

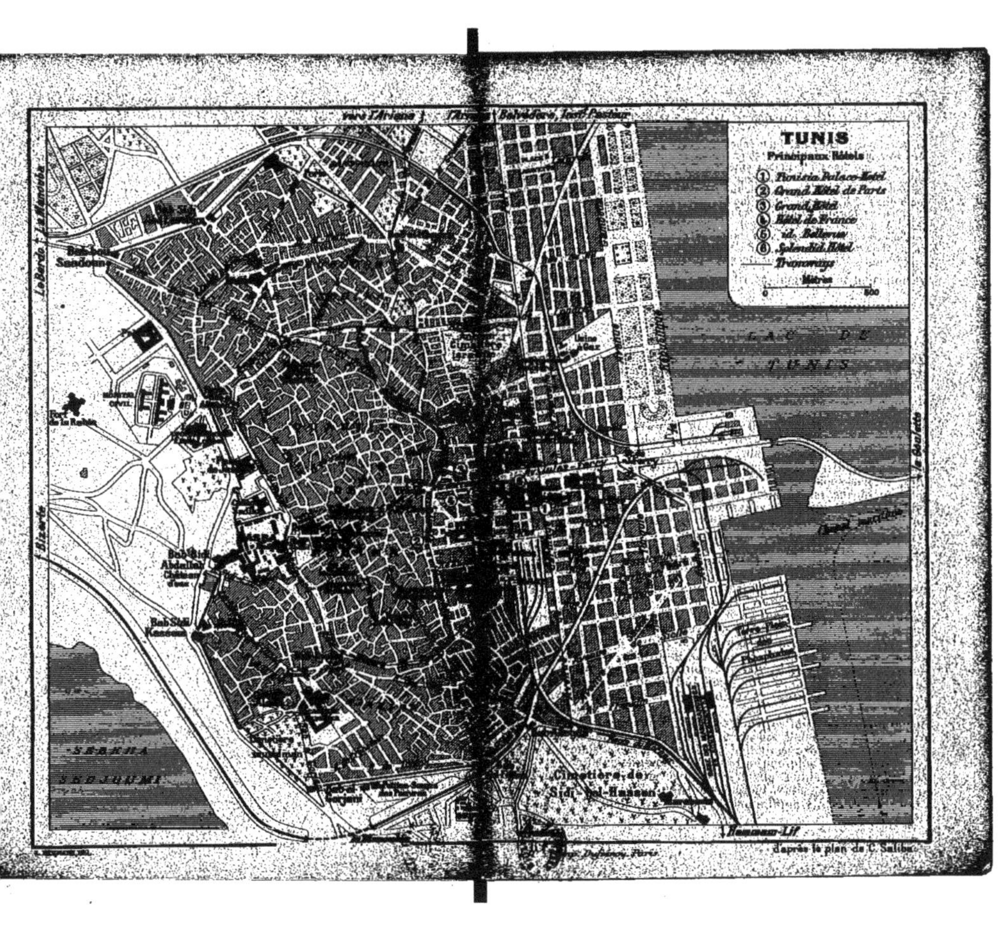

TUNIS
Principaux Hôtels
1. Tunisia-Palace-Hôtel
2. Grand Hôtel de Paris
3. Grand Hôtel
4. Hôtel de France
5. id. Bellevue
6. Splendid-Hôtel
Tramways
Mètres
0   500
LAC DE TUNIS
SEBKHA SEDJUMI
Cimetière de Sidi-el-Hassen
Hammam-Lif
d'après le plan de C. Saliba

siècle de notre ère au moyen d'un aqueduc dont la longueur totale dépassait 100 k. et dont subsistent des restes imposants, notamment à la traversée de la vallée de l'Oued Miliane (*V.* p. 48) et à celle du seuil qui domine à l'E. la Manouba. Cette conduite fut restaurée au milieu du dernier siècle par le gouvernement beylical. — Le débit de ces sources, qui s'élève en moyenne à 10,000 m. cubes par j., mais qui peut descendre, à la suite d'une série d'années sèches, à 3,500 m. cubes, est devenu insuffisant par suite de l'augmentation de la population et de l'extension des canalisations. Aussi la ville de Tunis a-t-elle exécuté d'importants travaux de captation et d'adduction dans la région lointaine du Bargou, au S.-O. de Zaghouan et de Djoukar, qui ont augmenté notablement le cube journalier disponible.

Du château d'eau, on peut descendre rapidement sur le boulevard Bab-Menara et la Kasba (*V.* p. 15).

IV. — Ville européenne.

Comme toutes les villes modernes, le Tunis européen est construit sur un plan d'une régularité un peu monotone et ses îlots de maisons sont délimités par des voies rectilignes, dont certaines sont ou doivent être plantées d'arbres. Une grande avenue, longue de 1,500 m. env., y a été tracée d'O. en E. et porte successivement les noms d'avenue de France, de place de la Résidence et d'avenue Jules-Ferry ou de la Marine. Une autre grande avenue, qui se développe du N. au S. sur plus de 3 k., dénommée dans sa partie N. avenue de Paris et dans sa partie S. avenue de Carthage, la coupe à angle droit à peu près en son milieu. Sur ces deux artères principales, ainsi disposées en forme de croix et parcourues par des trams, s'embranchent de nombreuses rues, déjà complètement bâties dans les quartiers de l'O., encore bordées de terrains vagues lorsqu'on s'écarte quelque peu à l'E., au S. et au N. des avenues Jules-Ferry, de Carthage et de Paris; au bord du lac, de vastes espaces marécageux et souvent inondés à la saison des pluies sont progressivement remblayés et assainis.

L'avenue de France, artère maîtresse du quartier européen primitif, relie la porte de France (*V.* ci-dessus, p. 11) à la place de la Résidence. Bordée de cafés et de magasins bien achalandés, c'est encore, malgré la concurrence des nouveaux quartiers, la rue la plus animée de Tunis, le centre de la vie urbaine. Les lignes de trams y convergent, tant du côté de la porte de France (lignes circulaire, du port, des Abattoirs, de Bab-el-Khadra-Belvédère) que de celui de la place de la Résidence (lignes de Bab-bou-Saadoum, du Belvédère-Ariana), et une station de voitures est établie à son extrémité O.

Partant de la porte de France, les touristes laissent d'abord à leur dr. la *rue Al-Djazira*, et à leur g. la *rue des Maltais*, l'une et l'autre animées, mais assez irrégulières, leur tracé ayant été commandé par celui de l'ancienne enceinte. — Un peu plus loin s'ouvre à **dr.** la **rue d'Italie**, la plus commerçante de Tunis. Sur cette rue se trouvent : à dr., le **marché** ou *Fondouk-el-Ghalla* (spectacle assez intéressant le matin), et, à g., le magnifique **Hôtel des Postes,** qui couvre une superficie dépassant 3,500 m. carrés. Dans la *rue de Russie* (à dr.), que recoupe plus loin la rue d'Italie, on trouvera la *Bibliothèque française* (ouverte de 9 h. à 11 h. du mat. et de 2 à 5 h. de l'après-midi en hiver, de 8 h. à 11 h. du mat. seulement en été), bien fournie en ouvrages ayant trait à l'Afrique du Nord, et l'*Ecole Jules-Ferry* (enseignement secondaire des jeunes filles). Entre la *rue d'Angleterre* et la rue de Russie, à dr. sur la rue d'Italie, s'élève le *temple protestant*.

Après la rue d'Italie, sur la g. de l'avenue de France, à son extrémité E., se trouve le *Cercle militaire*.

Cette extrémité E. est marquée par l'intersection de la **rue Es-Sadikia** à dr. et de la **rue de Rome** à g., voies que parcourt un tram (ligne de la rue Al-Djazira à Bab-bou-Saadoum, avec corresp. pour le Bardo et la Manouba). — Par la première, qui est plantée d'arbres, on se rend à la *place de la Gare*, sur laquelle est situé l'embarcadère de toutes les lignes ferrées aboutissant à Tunis; cette gare, devenue trop étroite par suite de l'extension du réseau, doit être allégée prochainement du service des marchandises, qu'on transférera dans des bâtiments construits à proximité du port; les modestes aménagements actuels feront place en même temps à des dispositions nouvelles, plus amples et plus commodes. — Par la seconde, où se trouve la tête de ligne des trams du Belvédère, on atteint en quelques pas l'*avenue Roustan*, aménagée sur la plate-forme de l'ancien chemin de fer de la Goulette et de la Marsa. A dr., *église grecque*. — En continuant par la rue de Rome, on arrive à la *place du Consulat*, où sont les *bureaux du Contrôle civil*, puis à la *place de l'Ecole-Israélite*, non loin de l'*ancien cimetière israélite*, vaste enclos qui est comme pavé d'innombrables dalles mortuaires en marbre blanc (sera prochainement désaffecté).

Au delà des rues Es-Sadikia et de Rome, l'avenue s'élargit et devient la **place de la Résidence**. Sur le côté S. s'élève l'*hôtel de la Résidence générale*. Le côté N. est occupé à son centre par la *Cathédrale*. — Le *couvent des Dames de Sion* fait face au jardin de la Résidence dans la *rue de Hollande*, à dr. de la place.

A l'extrémité E. de la place commence la belle **avenue Jules-Ferry**, couramment désignée par son ancien nom d'**avenue de la Marine**, aussi large que la place elle-même (60 m.) et plantée d'une quadruple rangée de ficus. munis, à cause du vent, dans la partie inférieure de l'avenue, d'énormes tuteurs amarrés les uns aux autres par de forts fils de fer.

Sur la dr. de l'avenue s'élève le **Casino-Théâtre**, construction de moderne style d'aspect un peu prétentieux.

Il comprend : une salle de spectacle en façade sur l'avenue Jules-Ferry, où des représentations théâtrales sont données pendant la saison d'hiver (15 nov. au 15 avril); — un grand café, à l'angle de cette avenue et de celle de Carthage; — des salons de lecture, de réunion et de jeux, sur l'avenue de Carthage; — un grand hall couvert, aussi sur l'avenue de Carthage, pourvu d'une petite scène où se donnent des spectacles variés. — Un *cercle*, où peuvent se faire présenter les hiverneurs et les touristes, y est installé au dessus du café (salons de jeux, salle d'escrime, hydrothérapie; accès sur l'avenue de Carthage). — Les jeux que l'administration du Casino-Théâtre est autorisée à organiser sont tous ceux qui sont tolérés dans les cercles et casinos de France.

Lorsqu'on a dépassé le Casino, on voit s'ouvrir à dr. **l'avenue de Carthage** et à g. **l'avenue de Paris**, l'une et l'autre larges de 20 m. — Par la première, on se rend à Sidi-bel-Hassen et aux Abattoirs (*V.* p. 23); c'est l'amorce de la route de Zaghouan d'un côté, de celles du Mornag, d'Hammam-Lif et de Sousse de l'autre. Sur la g. de cette avenue, au delà de la rue de Portugal, se trouve l'*Hôtel de Ville*, en arrière d'un petit square. — Par la seconde, on se rend au Belvédère (*V.* p. 22), à l'Ariana (*V.* p. 43), à la Marsa, à Carthage, à la Goulette (*V.* p. 30). Sur la g. de cette avenue, après la *rue de Naples*, est situé l'*hôtel des Sociétés françaises*, auquel fait suite le *lycée Carnot*, fondé par le cardinal Lavigerie sous le nom de *collège Saint-Charles*, puis cédé par lui au protectorat. Sur la dr., *square*, en arrière duquel se trouvent les bureaux de la *Conservation foncière*. Plus loin, à hauteur de l'*avenue de Londres*, terminus du tram électrique de Carthage par la Marsa (qui doit être prochainement reporté à l'origine de l'avenue de Paris).

Après l'avenue de Carthage. sur la dr. de l'avenue Jules-Ferry, se trouve le terminus du tram électrique de Carthage par la Goulette.

Non loin de la station du tram de la Goulette, également sur la dr. de l'avenue, à l'angle de la *rue Thiers*, on remarquera le *théâtre* ou *politeama Rossini*. Puis, à mesure qu'on avance, les constructions qui bordent l'avenue diminuent peu à peu d'ampleur: certaines ne sont que de simples baraquements. Ces abris sommaires sont surtout nombreux dans le pauvre quartier de la *Petite-Sicile*, ainsi nommé du pays d'origine de ses habitants, qui s'étend à dr. De profondes transformations changent d'année en année l'aspect de ce quartier. La *rue de Portugal*, qui la traverse, parallèlement à l'avenue Jules-Ferry, est la voie la plus directe du port à la rue d'Italie; elle tend à prendre une réelle importance. C'est sur cette rue que doit être édifiée la façade principale de la gare, lors de la prochaine réfection de celle-ci (*V.* ci-dessus).

Le centre de l'avenue est occupé par un petit *square*, où se dresse la *statue de Jules Ferry* (par A. Mercié). Au delà, l'avenue se poursuit jusqu'au lac, encore fort peu construite sur ce parcours. Sur la g. s'y raccordent les *avenues Gambetta* et *de la République*, tracées au travers de terrains conquis sur le lac, où l'on doit aménager des parterres et des plantations.

C'est à hauteur du square Jules-Ferry que se détache à dr. l'*avenue Pichon* ou *avenue du Port* (🚃 de la Porte de France au port, 10 c.).

Le **port** a exigé d'importants travaux, qui ont été accomplis en deux étapes. — On a d'abord creusé d'E. en O., suivant le plus grand diamètre du lac de Tunis, un chenal maritime de 6 m. 50 de fond, long de plus de 10 k., protégé à son débouché sur le golfe par deux jetées; ce canal donne accès à un bassin d'opérations de 12 hectares. Le volume total des dragages a atteint 4,800,000 m. cubes; leurs produits ont été déposés pour partie le long des berges du chenal, qui se trouve ainsi bordé de deux levées de terre (sur celle du N., voie du tram électr. de la Goulette). Ces premiers travaux, exécutés de 1888 à 1893, ont coûté 13,500,000 fr. — Les quais qui bordent ce premier bassin sur 600 m. env., ainsi que les hangars-magasins qui y sont construits, ont été établis ultérieurement (1895-1896) par la *C*ⁱᵉ *des ports de Tunis, Sousse et Sfax*, qui y a dépensé plus de 3 millions. Le gouvernement tunisien, qui a garanti le service des intérêts et de l'amortissement de ces dépenses, est par contre intéressé dans l'exploitation du port, qui donne des produits nets appréciables. Un second bassin, affecté à l'embarquement des phosphates, a été creusé, en 1905, au S.-E. du premier. Le tonnage effectif du port, en progression très marquée, s'élève à un million de tonnes env.

Le lac de Tunis, que les indigènes appellent *El-Bahira*, la petite mer, au travers duquel a été creusé le chenal maritime, est une vaste lagune aux rives incertaines de 50 k. carrés de superficie, dont les eaux poissonneuses sont très peu profondes (moins de 1 m. en moyenne). Ses rives sont souvent animées par de nombreux flamants roses.

De l'autre côté de Tunis, séparé de ce premier lac par la crête de la Manoubia (*V.* p. 18), s'étend un autre grand lac, la *Sebkha Sedjoumi*, qui n'est qu'une cuvette sans écoulement ; les eaux saumâtres qui s'y amassent à la saison des pluies s'évaporent presque complètement dès que viennent les chaleurs, laissant à découvert des sables de teinte fauve parsemés d'efflorescences salines.

A 2 k. N. du centre de la ville européenne a été créé, sur les pentes d'une colline dont le point culminant s'élève à 82 m., le beau **parc du Belvédère**, que les touristes ne devront pas omettre de visiter (de préférence un peu tard dans l'après-midi). Deux lignes de tram y conduisent. L'une suit l'avenue de Paris (dép. de la rue de Rome, proche la place de la Résidence, toutes les 7 min. 1/2, 10 c.) et aboutit à l'entrée N.-E. (à g. de la station). L'autre passe par Bab-el-Khadra (dép. de la Porte de France, par la rue des Maltais, toutes les 7 min. 1/2, 15 c.), longe les *cimetières* européens et aboutit à l'entrée S.-E., qui s'ouvre au droit de *l'avenue Carnot*. De Bab-el-Khadra (10 c. jusque-là), on peut aussi, en prenant à dr. par le boulevard qui suit l'extérieur des remparts (sur la g., *quartier Sans-Souci*), puis par l'avenue qui s'en détache à g., gagner à pied l'entrée S.-O. du parc.

Le parc, dont l'étendue est d'une centaine d'hectares, est admirablement situé et a été fort bien dessiné ; les perspectives qu'on a de ses allées (praticables aux voitures et aux cycles) tracées à flanc de coteau sont de tout point admirables. D'aucun endroit le *panorama de Tunis* n'est plus grandiose que du revers S. de la colline, spécialement du point où s'élève le pavillon de la Manouba (*V.* ci-dessous) ; quand le soleil commence à s'abaisser sur l'horizon, le spectacle est vraiment d'une rare beauté. Au sommet, d'une grande plate-forme circulaire au pourtour de laquelle sont disposés des bancs, la vue s'étend dans toutes les directions : au S., Tunis, en arrière duquel apparaissent les montagnes lointaines du Bou-Korneïn, du Ressas et du Zaghouan ; à l'E., le lac de Tunis et les collines de Carthage, puis les eaux du golfe et les hauteurs de la péninsule du cap Bon ; au N., un pays mamelonné couvert d'oliviers ; à l'O., le Bardo, la Manouba et les hautes arcades de l'aqueduc romain.

A mi-côte du flanc O. de la colline, sur une esplanade qui commande un vaste horizon, s'élève un élégant *café-restaurant*, dépendance du Casino-Théâtre (*V.* p. 20) ; des jeux y sont organisés à la belle saison ainsi que des représentations genre café-concert. —

Du même côté, en contre-bas, a été réédifié pierre à pierre, par le Service des travaux de la Ville, un charmant *édifice*, dit *Mida*, qui tombait en ruines dans le quartier des Souks à Tunis (salles d'ablutions précédant l'entrée d'une mosquée). — On a fait de même pour un beau *pavillon* ou *kouba* provenant de la Manouba, dont les coupoles et les voûtes en plâtres ajourés ont été démontées pièce à pièce, puis remontées par le même Service (dans la partie haute du parc, au revers S.; vue admirable). — Un *vélodrome* (non aménagé et utilisé comme terrain de jeux) se trouve dans la partie N.-O. du parc.

[Au N. du rond-point sur lequel s'ouvre l'entrée du parc et au delà duquel l'avenue de Paris se prolonge par la *route de l'Ariana* (*V.* p. 43) a été construit un *Institut Pasteur*. — En bordure de l'origine de la route, sur la dr., s'étend le *Jardin d'Essai* (qu'on peut visiter sur demande), dont les plantations, les pépinières et les cultures diverses couvrent une trentaine d'hectares. Lui faisant suite, également à dr., *École coloniale d'agriculture*, à laquelle est annexée une *Ferme d'expériences*.]

Au S. de la ville, du mamelon que couronne le **fortin** dit **de Sidi-bel-Hassen** (88 m.), on a également une vue fort belle. Pour s'y rendre, prendre à la rue de Rome le tram des Abattoirs, soit jusqu'à *Bab-Alleoua* (10 c.), d'où l'on traversera le grand *cimetière indigène* qui couvre le revers N. de la colline et que domine au S.-E. le *marabout de Sidi-bel-Hassen* (chemin carrossable jusqu'au marabout; pour monter au fortin, prendre un sentier à dr. de ce chemin), soit jusqu'au point terminus (15 c.), où se détache à g. un chemin d'accès (carrossable) au fortin. — L'accès d'un périmètre militaire réservé autour du fortin est interdit, mais on jouit tout aussi bien du *panorama* de points situés en dehors de ce périmètre.

Les *Abattoirs* couvrent une superficie de près de 3 hect.; ils sont divisés en trois quartiers, où se pratiquent des procédés d'abatage différents : chrétien, musulman et juif. — Les vastes bâtiments qui s'élèvent au delà dépendent du *Service des monopoles*, qui s'exercent en Tunisie sur le tabac, les poudres, les allumettes, les cartes à jouer et le sel. — Un important *hôpital colonial italien* a été construit en dehors de l'enceinte de Tunis, à quelque distance à l'O. de la route des Abattoirs.

Des Abattoirs, on peut gagner la Manoubia et le haut du faubourg de Bab-Djazira (*V.* p. 18).

[A l'O. de la ville, les hauteurs entre la Sebkha Sedjoumi et la route du Bardo portent les restes pittoresques d'anciens forts dont certaines parties datent vraisemblablement de l'occupation espagnole, ainsi qu'en témoigne le nom de l'un d'eux, le *bordj-el-Andalous*, qui signifie le *fort des Espagnols*. Le terrain environnant est creusé de nombreux silos en forme de bouteille, dits *rabta*, où s'emmagasinaient jadis les céréales dont bénéficiait le trésor beylical par suite de la perception des impôts en nature. — De ces points, panoramas intéressants.]

Cliché de M. J. Valensi.

Musée Alaoui, ancien Patio.

Cliché de M. J. Valensi.

Escalier des Lions au Bardo.

ENVIRONS DE TUNIS

Principales curiosités : — **Musée Alaoui** (p. 26); — **Carthage** (p. 32); — EXCURSION A KORBOUS (p. 46); — **excursion à Dougga** (p. 51); — **excursion à Kairouan** (p. 57).

1° Le Bardo (Musée Alaoui) et la Manouba.

2 k. (de Bab-bou-Saadoun) jusqu'au Bardo et 6 k. jusqu'à la Manouba. — électr. : jusqu'à Bab-Souïka par la ligne circulaire pour 5 c., ou par celle de la rue de Rome pour 10 c.; corresp. à Bab-Souïka (ou à Bab-bou-Saadoun) pour le Bardo toutes les 15 min. en 15 min. et pour la Manouba toutes les 30 min. en 30 min.; 15 c. de Bab-Souïka au Bardo; 15 c. du Bardo à la Manouba. — Voit. partic. : pour le Bardo, 3 fr. all. et ret. avec un arrêt d'une heure; pour la Manouba, prix à débattre.

Jours et heures de visite : — Le Musée Alaoui est ouvert t. l. j., sauf le lundi, de 9 h. 30 à 11 h. 30 et de 1 h. à 4 h. du 16 octobre au 15 février, de 2 à 5 h. de l'après-midi seulement du 16 février au 15 octobre; prix d'entrée 1 fr., gratuit le dimanche. Pour y photographier, autorisation à demander à la Direction des Antiquités, rue de l'Eglise, 73. — Les Appartements beylicaux sont visibles t. l. j., en semaine sur présentation d'un ticket attaché au ticket d'entrée du Musée Alaoui, le dimanche sur présentation d'un ticket spécial délivré à la porte du Musée pour 50 c.

Autocyclisme : — Les touristes en voit. ou à cycle ont, jusqu'au Bardo, le choix entre deux itinéraires : *a.* Celui que suit le tram, qu'on ira joindre à Bab-bou-Saadoun après avoir contourné la ville (3 k. env.) par les avenues de Paris et de Madrid, Bab-el-Khadra et l'extérieur de l'enceinte, afin d'éviter les rues encombrées du faubourg. — *b.* Route passant auprès du village de Mélassine (à g.), qu'on atteindra, soit par Bab-el-Allouch et l'Hôpital civil (rue des Maltais et circulaire du N. jusqu'au boulevard Bab-Benat, où l'on prend à dr.), soit par Bab-Sidi-Kassem ou par Bab-Sidi-Abdallah (rue Al-Djazira et circulaire du S. jusqu'au boulevard Bab-Menara, où l'on prend à g.).

De Bab-Souïka, le tram appuie à dr. par la longue rue Bab-bou-Saadoun jusqu'à la porte de ce nom. Au delà, la route recoupe les arcades d'un aqueduc construit ou restauré par les Espagnols au XVIᵉ s. — *Saint-Henry*, groupe de villas.

L'ancien **Bardo**, vaste ensemble de palais et de constructions diverses édifiées successivement par les beys, couvrait, lors de notre intervention en Tunisie, une superficie de plusieurs hectares délimitée par une enceinte flanquée de bastions et de tours. Ces bâtiments menaçant ruine, de larges démolitions y ont été pratiquées, concurremment avec des réfections portant sur les parties conservées. Le Service des Travaux publics s'en est fort heureusement acquitté. L'enceinte a été rasée au S. le long de la route et une esplanade a été créée et aménagée en *jardin public*; à l'E. et au N., casernes occupées par des soldats beylicaux; au milieu des plantations, élégant patio ouvert (revêtements en marbre de travail italien au rez-de-chaussée et plâtres ouvragés tunisiens aux voûtes), au delà duquel bain maure à dr. et petite mosquée à g.; en arrière, rond-point orné de colonnettes et d'une élégante fontaine en marbre genre rocaille; à l'O. sont les parties à visiter, le Musée Alaoui et les Appartements beylicaux.

Le **Musée Alaoui**, ainsi nommé en l'honneur du bey Ali, mort en 1902, est le plus important des musées archéologiques de l'Afrique du Nord; il doit son rapide accroissement aux fouilles faites par le Service des Antiquités de Tunisie. Les remaniements y sont fréquents.

Vestibule. — Face à l'entrée, statue de la *Concorde*, avec une corne d'abondance, provenant de Bou-Grara. — *Inscriptions latines,* dont plusieurs sont d'une grande importance pour l'histoire de l'Afrique romaine, notamment celle d'Henchir Mettich, près de Testour, celle d'Aïn-el-Djemala et celle d'Aïn-Ouassel, près de Teboursouk, qui sont relatives à l'exploitation agricole de grands domaines. Stèles avec de grossières images, ex-votos au dieu Saturne, monuments funéraires. — Dans le fond, *sarcophages* (dont un représente les neuf Muses, trouvé à Porto-Farina).

Salle de droite (entrée dans le vestibule, près de la porte du Musée). — Elle est consacrée principalement aux antiquités antérieures à la domination romaine. *Inscriptions libyques* (l'alphabet est le même que celui dont les Touareg du Sahara se servent encore aujourd'hui); inscriptions puniques. Stèles votives à Tanit Péné-Baal et à Baal Hammon, trouvées à Carthage. Boulets en pierre et balles de fronde en terre cuite de l'arsenal de Carthage. Morceaux d'architecture punique. Stèles votives d'époque romaine, mais de tradition punique.

Salle de gauche. — Elle contient des antiquités chrétiennes. — Au milieu, cuve baptismale d'El-Kantara, dans l'île de Djerba; *mosaïques* : l'une d'elles, provenant d'une église de Sainte-Marie du Zit, représente des artisans au travail; une autre, de Tabarca, offre une vue conventionnelle d'une église;

fragment de sarcophage, avec le Bon Pasteur. — Dans le couloir (s'ouvrant au fond à g.) qui mène à la salle suivante, carreaux de revêtement en argile sur lesquels divers sujets sont représentés : sacrifice d'Abraham, Adam et Eve; animaux, etc. — La **salle** où l'on pénètre par ce couloir contient des sculptures de Bulla Regia : *Esculape, Minerve, Apollon* colossal, *Saturne, Cérès*; Romains et Romaines; tête de *Vespasien*. — Au fond une autre **salle** contient une série de *statues en terre cuite* découvertes dans un temple de Baal-Tanit près de Bir-bou-Rekba (Génie de l'Afrique, déesses, sphinx, etc.).

Escalier. — Sarcophage représentant une scène de mariage et les quatre Saisons. — Belle tête d'*Hercule* de Bou-Grara. — En haut, statue d'*Apollon*, provenant du théâtre de Carthage. — Sur les murs, *mosaïques* diverses (l'une, trouvée à Ferryville, représente deux chevaux de course).

Ancien Patio, grande salle entourée de portiques. — Au milieu, deux *mosaïques* d'Oudna qui représentent, l'une Bacchus donnant la vigne à Icare, roi de l'Attique, l'autre des habitations rurales. — Autour, diverses statues de Carthage : *Bacchus*; statue colossale de femme ; *Déesse* diadémée et voilée; *Vénus* au dauphin ; beau torse d'*Hercule*; statue colossale d'*Isis* et statues de deux prêtresses; *dame romaine* de l'époque de Trajan ou d'Hadrien ; l'empereur *Hadrien*, en Mars. — Dans un angle, partie supérieure d'une statue colossale de *Jupiter* assis, de mauvais style (trouvée à Carthage). — Le long des murs, têtes en marbre (divinités ou portraits); fragments de bas-reliefs; statues (copies du Faune au repos de Praxitèle, etc.).

Du patio, on entrera (à g. de la porte d'entrée) dans l'ancienne **salle des Fêtes**, dont le plafond en dôme de bois doré et peint est un curieux spécimen de menuiserie indigène. — Au pavement, grande *mosaïque*, trouvée à Sousse et représentant le cortège de Neptune. Sur les parois, autres *mosaïques* : courses dans le cirque (mosaïque byzantine de Gafsa); scènes de pêche (de Carthage); belle tête d'Océan et paon (de Bir-Chana, près de Zaghouan); trois mosaïques de forme cintrée, représentant des bâtiments ruraux (trouvées près de Tabarca); l'Océan couché sur un rocher, avec les quatre Vents dans des médaillons (de Sousse); nombreuses *mosaïques tombales chrétiennes* de Tabarca (les plus intéressantes montrent le mort dans l'attitude de la prière et flanqué de deux cierges). — Dans la salle, plusieurs statues d'empereurs et d'autres personnages, presque toutes sans tête. — Au fond, sur la cheminée, tête de *Minerve*, découverte à Carthage. — Vitrines contenant de belles collections de *lampes* et de *poteries*.

Salle à l'angle N.-E. du palais. — Au milieu, belle *patère d'argent*, avec incrustations et placages d'or, trouvée à Bizerte (lutte d'Apollon et de Marsyas); deux meubles renfermant des *bijoux* (en particulier les objets en or trouvés par le Service des Antiquités dans les sépultures puniques de Carthage). — Au centre, *cuirasse en bronze* trouvée dans un tombeau punique à Ksour-es-Saf (travail campanien du IIIe s. av. J.-C.). Le sarcophage en bois exposé dans la salle provient de la même sépulture. — Entre les fenêtres, *sarcophage* de Sainte-Marie du Zit, représentant les Grâces et les Saisons. — Sur les murs : entre les deux fenêtres, mosaïque de Dougga (les Cyclopes fabriquant les foudres sous la surveillance de Vulcain); en face des fenêtres, remarquable *mosaïque* de Chebba représentant le triomphe de Neptune, entouré des quatre Saisons; au mur de dr., autre mosaïque de Chebba (scène de pêche, Arion sur un dauphin, Orphée charmant les animaux); mosaïque de Carthage, scindée en plusieurs morceaux (oiseaux parmi des fleurs et des fruits divers). — Dans les embrasures des fenêtres, *monnaies* d'or et d'argent.

Au delà de cette salle, à g., se trouve une autre **salle**, dans laquelle on entre par la salle des Fêtes. Au milieu, triomphe de *Neptune*, d'El-Djem. Les vitrines contiennent des verreries, des objets en os, en métal, des poteries, des tablettes de plomb portant des imprécations magiques contre des ennemis qu'on voulait perdre, etc. Les murs sont tapissés de *mosaïques* : les Muses, scènes de chasse, représentations d'animaux et natures mortes diverses (d'El-Djem); opérations de douane au port (de Sousse); Diane et Actéon, athlètes et lutteurs (de Tina, près Sfax), *Victoire* en marbre noir, trouvée à El-Djem. — En sortant de cette salle par une porte qui donne sur un VESTIBULE où sont exposées quelques mosaïques de Carthage, ainsi que quelques statues et têtes en marbre, on peut, par un escalier, accéder à la **galerie** qui domine le patio, où sont réunis des *plans*, des *photographies* et des *maquettes* des principaux monuments antiques de Tunisie (Carthage, Dougga, Sbéïtla, El-Djem, Gigthi, Haïdra, Mactar, etc.).

Revenant au patio, on se rendra à la **salle de droite** (ancienne salle à manger). — Face à l'entrée, *Amour* sur un dauphin, d'Oudna. — VITRINES contenant le mobilier funéraire trouvé dans les sépultures puniques de Carthage qui ont été fouillées par le Service des Antiquités : *masques en terre cuite* représentant, soit des femmes, compagnes aimables des morts, soit des personnages grimaçants qui rappellent les masques japonais et qui avaient pour mission de terrifier les puissances malignes et de les écarter des défunts; *poteries*, dont les unes ont été fabriquées à Carthage et les autres importées de Sicile, d'Italie ou de Grèce; miroirs en bronze; œufs d'autruche qui servaient de vases; peignes d'ivoire, fioles d'albâtre, amulettes, etc. — Sur les parois, nombreuses *mosaïques* d'Oudna : Orphée charmant les animaux, Hercule couronné par la Victoire, Europe et Jupiter en taureau, Diane et Endymion, etc.

La porte s'ouvrant sur le patio (à dr. également) plus loin que celle de la salle précédente donne accès dans **3 salles** où sont exposés des objets trouvés en mer de 1907 à 1910, non loin de Mehdia. Ils proviennent d'un navire antique coulé, par 40 m. de fond, au N.-E. du cap Africa, au 1er s. avant notre ère, et faisaient sans doute partie du butin d'Athènes envoyé à Rome par Sylla. — SALLE I : *Hermès de Dionysos* en bronze signé de Boéthos (début du IIe s. av. J.-C.); têtes de *Dionysos* et d'*Ariane* se faisant face; statuettes d'*Hermaphrodite* et d'*Eros androgyne* ayant servi de lampe; dans une vitrine, objets mobiliers en bronze (lampes, brasero, statuettes, etc.). — SALLE II : **statue d'Eros** en bronze, la plus belle pièce de la collection, qui paraît bien être une bonne réplique d'un Eros de Praxitèle décrit par le rhéteur Callistrate; vitrine avec des clous ayant appartenu au navire naufragé et une lampe en terre cuite ayant encore sa mèche; lingots en plomb avec des estampilles latines; ancre en plomb. — SALLE III (objets en marbre) : au milieu, buste d'*Aphrodite* bien conservé; deux *cratères* dont l'un est un double du vase Borghèse conservé au Louvre et l'autre un double également d'un vase aujourd'hui au Campo-Santo de Pise; candélabres, têtes, torses, chapiteaux, bas-reliefs. — Le sol de ces trois salles est pavé de mosaïques provenant de Carthage et d'El-Djem.

De l'autre côté du patio, en face de la salle à manger, s'ouvre la **salle de gauche** (ancienne salle de concert), qui contient des mosaïques. — Au pavement : grande *mosaïque* de Médeïna (navires romains avec des inscriptions indiquant leurs noms, fleuve couché, tête d'Océan); mosaïque de Dougga (Néréides et animaux marins). — Sur les parois : scènes de chasse dans un paysage au milieu duquel s'élève une chapelle, avec des statues d'Apollon et de Diane (de Carthage); Vénus dans une coquille, flanquée de deux figures de Vents (même provenance); banquet (même provenance; basse époque); scènes de pêche sur le Nil, bâtiments divers (provenant d'El-Alia).

Au fond du patio, un escalier conduit à l'ancien **appartement des femmes**, salle en forme de croix dont les voûtes (coupole octogonale au centre) sont décorées de plâtres ajourés d'un travail fort élégant et dont les parois sont revêtues de jolis carreaux de faïence. Ces plâtres et ces carreaux sont des spécimens remarquables de l'art tunisien moderne. — Au milieu, *mosaïque* de Bir-Chana (les dieux de la Semaine, Saturne au centre). — Au fond, *torse* de jeune homme, copie du *Satyre* versant à boire à Praxitèle (de Tebourba). — Dans l'aile dr., remarquable *mosaïque* de

Sousse (Virgile assis, entre deux Muses). — Dans l'aile g., *statuettes* trouvées à Carthage dans une cachette : Cérès, deux femmes drapées (Cora et Hora?). — Dans 2 petites SALLES à coupole, se faisant vis-à-vis et s'ouvrant sur l'appartement des femmes, belle collection de *statuettes* en terre cuite dans les vitrines: aux murs, dans la salle de g., fragments de stuc, dans celle de dr., peintures provenant des villas antiques. — Dans une 3ᵉ SALLE, on vend des cartes postales, des photographies, des moulages.

Cliché de M. J. Valensi.

Appartements beylicaux.

Le **musée arabe,** créé en 1900 seulement, occupe un petit palais construit il y a une soixantaine d'années, qui est un bon spécimen de l'architecture locale et qui se trouve tout à fait approprié à sa nouvelle destination. Son entrée s'ouvre (à dr.) sur l'un des paliers supérieurs de l'escalier qui conduit aux salles des antiquités. Ce musée contient déjà un grand nombre de *poteries* (de Tunis et de Naboul), de *panneaux en faïence*, d'*objets en cuivre*, de *tapis*, de *meubles*, de *bijoux* (remarquer en particulier les bijoux de style byzantin que des orfèvres juifs ont fabriqués jusqu'à nos jours encore, à Moknine, près de Sousse, et à Djerba), etc. Les collections ainsi formées, qui s'accroissent et se complètent chaque année, permettront aux visiteurs de connaître d'une manière exacte les industries d'art qui ont existé ou existent encore en Tunisie. On y a remonté un très beau *plafond* provenant du Dar-el-Bey de Tunis.

Les **Appartements beylicaux** ne présentent pas un intérêt de premier ordre, mais on profitera de la visite au Musée pour y jeter un coup d'œil. Les deux gardiens qui conduisent successivement les visiteurs vont généralement trop vite et on devra modérer leur hâte. Le bey y donne des réceptions aux fêtes canoniques de l'Islam.

On y pénètre par un degré extérieur en marbre orné de lions (à g. du Musée), au sommet duquel un vestibule ouvert (plafonds en stucs) conduit à une grande cour à colonnade. De là, l'ordre de la tournée est le plus souvent le suivant :

Traversée de la cour et d'un couloir à sa suite, qui accède à un escalier; du palier de celui-ci, on pénètre à dr. dans un grand salon suivi d'un salon plus petit; les murs sont couverts de tableaux sans valeur (portraits de princes beylicaux, de souverains européens, scènes militaires). — Retour jusqu'au bas de l'escalier, d'où l'on gagne (à g.) une cour à colonnade. Là se trouve l'entrée du *salon des glaces* : plafond assez joli, d'un dessin oriental, en baguettes dorées avec glaces dans les entre-deux; aux murs, revêtements de marbre de travail italien. — On revient ensuite à la 1re cour. A g., salle en forme de croix; le bas des murs est revêtu de marbres italiens, le haut de panneaux de faïences tunisiennes d'un bon effet décoratif. A dr., autre salle décorée à l'italienne. — Dans toutes ces salles, mobilier d'origine européenne banal et de goût douteux; innombrables pendules.

C'est au Bardo que fut signé, le 12 mai 1881, le traité par lequel le bey Sidi-Sadok reconnut le protectorat français.

Au delà du Bardo, sur le même côté de la route, le *palais beylical de Kassar-Saïd* s'élève au milieu d'un enclos planté d'arbres fruitiers. Sa visite, pour laquelle il faudrait une autorisation spéciale du Dar-el-Bey ou de la Résidence, est sans intérêt.

Du Bardo, deux itinéraires conduisent à la Manouba : celui de g., un peu tortueux, que suit le tram, qui emprunte d'abord la route du Kef (*V.* p. 52), traverse la voie ferrée, et, à 2 k. env. du passage à niveau, au delà de l'arrêt de *Kasnadar*, appuie à dr.; le terminus du tram (à 6 k. 7 de Bab-bou-Saadoun) se trouve à 500 m. env. au S. de la station du ch. de fer; — celui de dr., qui longe la voie ferrée, laisse à dr. le *Champ de courses* et passe à la station, d'où l'on atteint le terminus du tram en prenant à g.

La Manouba est une agglomération de villas entourées de jardins. Certaines, qui sont d'anciennes résidences de princes ou de ministres beylicaux, seraient intéressantes à visiter, notamment la *caserne des chasseurs*, construite par Hamouda-pacha, et le *palais Khéreddine*; mais leur accès n'est pas ouvert au public.

[La route se poursuit au delà de la Manouba jusqu'à (25 k. de Tunis) *Djedeïda*, (32 k.) *le Bathan*, et (34 k.) *Tebourba* (*V.* le Guide *Algérie et Tunisie*). — De Djedeïda, on peut rejoindre (12 k.; ⊕) la route de Teboursouk et du Kef à hauteur de Sidi-Ali-el-Hattab (*V.* p. 52).]

2° La Goulette, Carthage et la Marsa.

11 k. jusqu'à la Goulette, 16 k. jusqu'à Carthage et 20 k. jusqu'à la Marsa (par le tram). — Deux lignes de 🚋 électriques se rejoignant à la Marsa : — 1° (terminus à l'angle de l'av. Jules-Ferry et de l'av. de Carthage) par la Goulette, Carthage et Marsa-plage; dép. t. l. h. à l'heure 15; 18 min. jusqu'à la Goulette, 30 min. jusqu'à Carthage, 43 min. jusqu'à la Marsa. — 2° (terminus av. de Paris) par l'Aouïna et Marsa-ville; dép. t. l. h. à l'heure 48; 30 min. jusqu'à la Marsa. — Prix uniformes de Tunis à la

ENVIRONS
DE TUNIS.

Routes carrossables
Chemins de fer
Tramways
Kilomètres
0 1 2 3 4 5

TUNIS

la Marsa
S¹ bou Saïd
Cap Carthage
Cap Kamart
Er Remel
S¹ Salah
Poste Optique
Phare
S¹ Monique
B⁰ el Djedid
S¹ Louis de Carthage
Palais de Dermèche
Anc⁰ Port de Carthage
Lazaret
le Kram
Khéredine
la Goulette
Bac

El Ariana
Pl⁰ de Chetrana
Sebkha-er-Riana
Le Bardo
la Manouba
Kassar
Djebel Hassen
Dj. Djelloud
Megrine
Radès
Fontaine Choucha
S¹ Maxbah
S¹ Germain
Bains
Hammam-Lif
Bir el Bey
Bent el Bey
El Habbib
Dj. bou Kornein
(Potinville)
la Zaouïa

Mohamedia
Plaine de Mornag
Crétéville
la Laverie
Dj. Ressas

Dj. Nahali
le Kef / Béja Constantine / Bizerte
à Bizerte
Le Kef / Zaghouan
Grombalia / Sousse
Grombalia

GOLFE DE TUNIS

1-11 Imp. Dufrénoy, Paris.

et
Il
à
la
vo
la

le
ex
di
m
es
de

de
ma

let
Sa
3]
—

be
pa
d'i
qu
for
la
]
de
el-
pe
lig
a é
ch
Go
un
Ka
la

E
Cha
dev
Bie
à l
l'an
— S

I
la
Kas

Goulette, Carthage ou la Marsa de 1 fr. 20 et 65 c. (billet simple), de 1 fr. 75 et 1 fr. (all. et ret.); abonnement pour la journée 2 fr. 25 et 1 fr. 50.

Emploi du temps. — Les touristes pressés iront directement à Carthage et en reviendront de même, ce qui ne leur demandera que quelques heures. Il sera préférable de consacrer à l'excursion une journée entière (déjeuner à Carthage, où il y a plusieurs restaurants) et de visiter en même temps la Goulette, la Marsa et Sidi-bou-Saïd. — On trouve généralement des voit. (prix à débattre) à la station de Carthage, ainsi qu'à la Goulette et à la Marsa.

Jours et heures de visite. — Le Musée Lavigerie est ouvert au public les dim., lundi, jeudi, vendr. et sam. de 2 h. à 5 h. 30 de l'après-midi et exceptionnellement t. l. j. sur demande adressée au R. P. Delattre, son directeur : il est fermé les dim. et fêtes durant le temps des offices et du mercredi au samedi de la Semaine sainte toute la journée. — L'entrée en est gratuite; un tronc placé à l'entrée d'une des salles reçoit les offrandes des visiteurs, dont le produit est appliqué aux fouilles.

La cathédrale de Saint-Louis ou primatiale de Carthage est ouverte t. l. j. de 5 h. 15 à 11 h. 15 et de midi 30 à 5 h. 30 (les dim., grand'messe à 8 h. mat., vêpres à 3 h. s.).

Autocyclisme : — ⊕ de 16 k. de Tunis (à dr. de l'av. de Paris) à la Goulette; au k. 9, à g., embranch. de 9 k. 5 sur (7 k.) la Marsa et Sidi-bou-Saïd, dont se détache à (3 k. 5 de la bifurcation) dr. un autre embranch. de 3 k. sur Carthage. — ⊕ de la Goulette à (8 k. 5) la Marsa par la Malga. — On peut aussi aller à Carthage par l'Ariana et la Soukra (*V*. p. 43).

Le tram électrique a pour plate-forme, de Tunis à la Goulette, la berge N. du canal maritime. Le trajet est original et ne manque pas d'intérêt. A dr., le canal, où l'on observe parfois le passage d'un paquebot ou d'un cargo-boat : des deux côtés, les eaux du lac, qu'animent des bandes de flamants roses. Sur la g., îlot et vieux fort de *Chikli*; en avant, du même côté, hauteurs de Carthage. Sur la dr., Radès, le Ressas et le Bou-Korneïn.

La Goulette (hôt. *de France*. modeste; casino ouvert à la saison des bains), de l'italien *Goleta*, traduction de l'arabe *Foum* ou *Halk-el-Oued*, qui signifie la bouche ou le gosier de la rivière, est une petite V. de 5,000 hab., bâtie sur la langue de sable, le *tænia* ou *ligula* des auteurs anciens, qui sépare le lac de la mer ; cette langue a été coupée, de toute antiquité, par un étroit canal qu'a doublé le chenal maritime de Tunis. — La ville comprend 2 quartiers : — *la Goulette-Vieille* au S., où se trouvent, sur la rive dr. de l'ancien canal, un palais et un arsenal beylicaux désaffectés, et sur la rive g. une Kasba, vieille forteresse hispano-turque transformée en caserne; — *la Goulette-Neuve*, au N.

Histoire. — La Goulette joua un rôle important au xvie s. Emportée par Charles-Quint en 1535, elle fut puissamment fortifiée par les Espagnols et devint leur place d'armes et le point d'appui de leur domination en Tunisie. Bien que ses défenses eussent été renforcées en 1573 par don Juan d'Autriche à la suite de sa victoire de Lépante, elle fut reconquise de haute lutte l'année suivante par les Turcs de Sinane-pacha après un siège mémorable. — St Vincent de Paul fut captif au xviie s. dans son bagne ou *karaka*.

La Goulette est le port d'embarquement des minerais de fer de la Tunisie centrale, qu'y amène un embranch. se détachant à Bir-Kassa de la ligne du Kef (*V*. p. 48). La flottille de pêche y compte une centaine de bateaux, qui opèrent les uns sur le lac, les autres dans le golfe. — À la saison chaude, la Goulette prend de l'animation comme station de villégiature estivale et de bains de mer. Jusqu'à 2 k. 500 au N. de la Kasba, établissements balnéaires et villas se succèdent le long de la plage, formant, au delà de la Goulette-Neuve, les deux groupes de *Khéreddine* et du *Kram* (haltes du tram).

[Un bac à vapeur (traversée gratuite) permet de passer de la Goulette sur l'autre rive du chenal maritime, où l'on trouve une route qui conduit à

Cliché de M. J. Valensi.

La Goulette.

(6 k.) Radès (*V.* p. 44), d'où l'on pourra regagner Tunis, après avoir parcouru le complet circuit du lac.]

Passé la Goulette, le tram prend la direction N. et son tracé se développe entre la mer et les hauteurs que couronne la cathédrale de Carthage. Au delà du Kram, on dépasse successivement les arrêts de *Salambô*, de *Douar-ech-Chott* (à dr., anciens ports de Carthage; *V.* ci-dessous) et de *Dermèche* (à dr., palais beylical).

CARTHAGE (restaur. : *du Pavillon Beau-Séjour*, près de la station; *Carthaginois*, sur le bord de la mer, entre Douar-ech-Chott et Dermèche; *Saint-Louis*, près du Musée Lavigerie; *des Citernes*, à Bordj-Djedid. — *Cathédrale*; *Musée Lavigerie*; *amphithéâtre*; *théâtre*). — La station est en contre-bas de la colline de Saint-Louis, par laquelle on commencera la visite; les piétons y monteront par l'un des

sentiers se détachant à g. du large boulevard qui recoupe la voie
du tram à hauteur de la station.

Histoire. — Carthage fut fondée, en 814 ou 813 av. notre ère, par des
Tyriens qui, selon la légende, étaient conduits par Didon ou Elissat, sœur du
roi Pygmalion. Le nom qui lui fut donné de *Cart-hadchat* (dont les Romains
ont fait *Carthago*) signifie en phénicien *la nouvelle ville*, c'est-à-dire probablement le nouveau Tyr. Placée près de l'embouchure du fleuve important
qu'on appelle auj. la Medjerda, à proximité de la Sicile et presque sur le
bras de mer qui relie la Méditerranée occidentale à la Méditerranée orientale, Carthage devint vite prospère. Tyr étant tombé en décadence et les
progrès rapides des Grecs menaçant les établissements que les Phéniciens
avaient fondés en Occident, Carthage en prit la défense, et, en retour, leur
imposa sa suzeraineté, arrêtant l'essor des Grecs en Espagne, en Afrique
et en Sicile. A son tour, Carthage créa des colonies. Grâce à leurs puissantes
flottes, à leurs armées composées de mercenaires, soldats qui avaient sans
doute bien des vices, mais qui savaient se battre, ses citoyens soumirent à
leur domination la Sardaigne et une grande partie de l'Espagne, luttèrent
pendant plusieurs siècles contre les Grecs de Sicile (sans réussir du reste
à les chasser de cette île), conquirent en Afrique un territoire assez étendu
(le nord de la Tunisie actuelle) et établirent même leur suprématie sur les
indigènes vivant au delà de leurs frontières. Les richesses de Carthage étaient
immenses; ses commerçants parcouraient toute la Méditerranée, trafiquaient
avec le Soudan, visitaient la Grande-Bretagne et la côte africaine de l'Atlantique (dans un voyage d'exploration, Hannon, amiral carthaginois, atteignit
peut-être la côte du Gabon).
  La ville de Carthage s'étendait au S. et à l'E. de la colline de *Byrsa*
(*V.* ci-dessous). Il y avait des cimetières sur les pentes S. de cette colline,
ainsi qu'au pied et dans les flancs des hauteurs qui se succèdent au N.-E. de
Byrsa, dans la direction du cap Carthage. Au delà de ces cimetières, vers
le N., existait un vaste faubourg, *Mégara*, entrecoupé de grands jardins.
Trois lignes de défense, dont la dernière était une épaisse muraille, flanquée de tours, protégeaient à l'O., du côté de la terre, la presqu'île qu'occu-
paient la ville proprement dite et son faubourg. Un double port avait été
creusé à l'intérieur des terres, au S. de la colline de Byrsa; il s'ouvrait sur
la baie du Kram. Cette baie, qui constituait une sorte d'avant-port, était
protégée contre les vents du N.-E. par une jetée.
  On connaît les longues guerres que Carthage soutint contre Rome. Dans
la première guerre punique, les Carthaginois disputèrent aux Romains la
Sicile, complément naturel de l'Italie, dont Rome venait d'achever la conquête, et, en même temps, porte de la Méditerranée occidentale, dont Carthage voulait rester maîtresse. La seconde guerre punique fut en réalité une
longue et vaine tentative de l'homme de génie qui s'appelait Hannibal pour
provoquer contre Rome une coalition des Italiens qu'elle avait soumis et
des peuples méditerranéens qu'elle menaçait. Cette guerre se termina par
la bataille de Zama, que les Romains gagnèrent en Afrique même, et par la
destruction de la puissance maritime et militaire de Carthage, réduite à
n'être plus qu'une cité africaine, entourée d'une étroite banlieue. Mais,
même après cette guerre, Carthage resta une place de commerce de premier
ordre, la plus riche ville du monde, comptant encore 700,000 hab. Les
Romains, inquiets, se décidèrent à l'anéantir, en 147 av. notre ère.
  Le sol de Carthage fut maudit et une tentative faite par les Gracques
pour fonder en ce lieu une colonie échoua devant l'hostilité de l'aristocratie.
Carthage fut cependant relevée plus tard par César et par Auguste et,
grâce à sa position géographique, se repeupla rapidement. Capitale de
la province romaine d'Afrique, ville de commerce, de luxe, de plaisir et
d'études, ce fut, dans les premiers siècles de notre ère, la première cité de
l'Occident latin après Rome. Le christianisme y fut introduit de bonne heure

et, par elle, se répandit dans l'Afrique du Nord. Ce fut à Carthage que
vécut Tertullien, que Ste Perpétue et ses compagnons furent livrés aux
bêtes de l'amphithéâtre, que St Cyprien fut évêque et qu'il subit le martyre
(en 258).

Carthage fut prise en 439 par les Vandales et devint la capitale de Gen-
séric et de ses successeurs. En 533, Bélisaire l'occupa au nom de Justinien,
empereur de Constantinople. Les Byzantins la gardèrent plus de cent
soixante ans. A la fin du vii⁰ s., Hassane-ben-Nomane s'en empara et la
détruisit complètement. Depuis ce temps, Carthage n'est plus qu'un immense
champ de ruines, qui a servi de carrière aux habitants de Tunis et même
aux Italiens; selon une tradition, la cathédrale de Pise aurait été en partie
construite avec des matériaux apportés de Carthage. Le 17 juillet 1270,
St Louis, au cours de sa croisade contre Tunis, y vint camper; il y mourut
le 25 août.

En 1841 fut bâtie la chapelle commémorative du saint roi, et Byrsa devint
ainsi la colline de Saint-Louis. A la suite de l'établissement du protectorat
français, divers édifices religieux y furent élevés par les soins du cardinal
Lavigerie, qui voulut prendre possession de Carthage au nom de la France
chrétienne. Dans ces dernières années, on a construit un peu partout des
restaurants et des villas.

ITINÉRAIRE. — Les quelques ruines qui subsistent de la Carthage punique et de la Carthage romaine sont peu imposantes et
ne sauraient donner l'idée de ce que furent ces deux villes. On sera
dédommagé de cette déception par le charme du site, l'étendue et
la beauté du panorama.

La *colline de Saint-Louis* domine la mer de 63 m. Ce sommet,
appelé *Byrsa* (mot phénicien qui signifie lieu fortifié) à l'époque
punique, où il était couronné d'une citadelle et du temple du dieu
Echmoun (Esculape pour les Latins), paraît avoir été occupé, à
l'époque romaine, par une vaste cour dallée qu'entouraient des portiques et sur laquelle se dressaient plusieurs temples, entre autres
un temple d'Esculape. Aujourd'hui, la colline porte la chapelle de
Saint-Louis, le séminaire des Pères Blancs, qui contient un musée,
enfin la cathédrale de Saint-Louis.

La cathédrale de Saint-Louis ou **primatiale de Carthage,**
qui a eu pour architecte M. l'abbé Pougnet, est un grand monument de style byzantin mauresque, en forme de croix latine, de
65 m. sur 30; sa façade est flanquée de 2 tours. Derrière une
rosace qui occupe la partie supérieure de la façade, bourdon de
6,000 kilogr. Une vaste coupole entourée de 8 clochetons couvre
le chœur, et une plus petite l'abside.

A l'int., les 3 nefs sont séparées par des arcades en fer à cheval, retombant sur des colonnes en marbre à chapiteaux dorés ; le plafond est orné
de caissons aux arabesques sculptées, peintes et dorées; les fenêtres gémi-
nées sont décorées de vitraux formés également d'arabesques; aux murs
se voient les blasons des donateurs pour la construction de la basilique. —
Chœur : au-dessus de l'autel (provisoire), fort beau *reliquaire* de bronze
doré, exécuté par Armand-Cailliat, de Lyon, et représentant la Sainte-
Chapelle de Paris; il renferme des reliques du saint roi, provenant de
l'église de Monreale en Sicile. — Dans le bas-côté dr. du chœur, *monument
du cardinal Lavigerie*, dont les restes reposent dans la cathédrale, par
Crauk.

Contre le flanc S. de la cathédrale, dans un terrain planté d'eu-

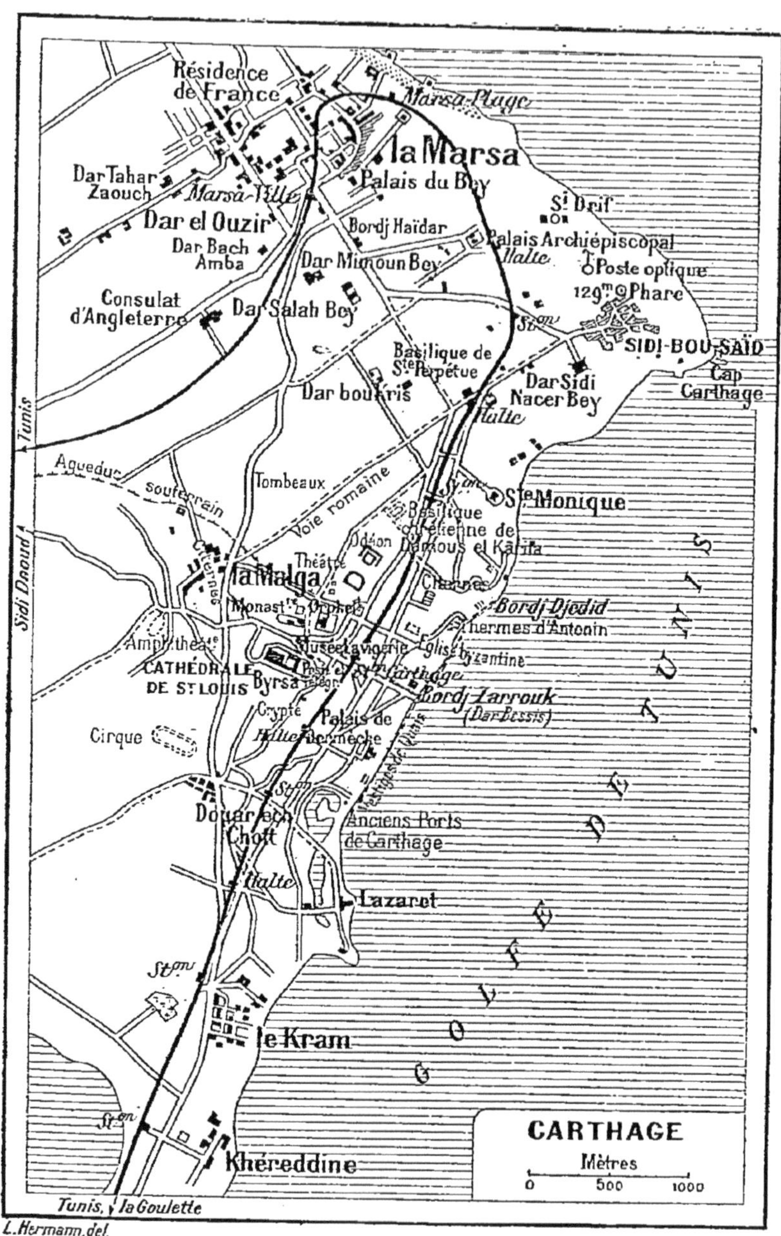

Résidence de France
Marsa-Plage
la Marsa
Dar Tahar Zaouch
Marsa-Ville
Palais du Bey
St Drif
Dar el Ouzir
Bordj Haïdar
Palais Archiépiscopal
Halte
Dar Bach Amba
Dar Minoun Bey
Poste optique
Consulat d'Angleterre
Dar Salah Bey
129m Phare
Tunis
Basilique de Ste Perpétue
St on
SIDI-BOU-SAÏD
Dar bouris
Dar Sidi Nacer Bey
Cap Carthage
Halte
Aqueduc
Tombeaux
souterrain
Voie romaine
St on
Ste Monique
Sidi Daoud
Basilique chrétienne de Damous el Karita
Odéon
Théâtre
la Malga
Citernes
Monast. D'Orphée
Thermes
Citernes
Bordj Djedid
Amphithéât.
Musée Lavigerie
Thermes d'Antonin
CATHÉDRALE DE St LOUIS
Byrsa
Église byzantine
Carthage
Cirque
Crypte
Palais de Dermeche
Bordj Zarrouk
Halte
(Dar Bessis)
St on
Douar ech Chott
Anciens Ports de Carthage
Halte
Lazaret
St on
le Kram
St on
GOLFE DE TUNIS
CARTHAGE
Mètres
0   500   1000
Khéreddine
Tunis, la Goulette
L. Hermann, del.

calyptus, restes d'un *temple* (gros massifs en blocage et assises en pierres d'appareil).

Pour visiter la chapelle de Saint-Louis et le musée, on longera au N. les bâtiments du séminaire et on gagnera la porte qui regarde l'E. et la mer. — A proximité, *bureau de poste.*

La *chapelle de Saint-Louis* s'élève au milieu du jardin des Pères Blancs, sur un emplacement concédé à la France par le bey Ahmed. Le monument de style pseudo-gothique, inauguré en 1842, est de forme octogonale et couronné d'un dôme.

L'autel est surmonté d'une *statue de St Louis*, en marbre blanc, par E. Seurre. A g. de l'autel, une inscription rappelle qu'à la demande de M. Ferdinand de Lesseps, le cardinal Lavigerie a autorisé le transport dans cette chapelle des restes de son père, Mathieu de Lesseps, qui fut consul à Tunis.

Le *séminaire des Pères Blancs* occupe l'un des côtés du jardin. Le salon d'attente, dit *salle des Croisades* (à g. du vestibule), est décoré de peintures représentant divers épisodes de la croisade de St Louis. Autour de la salle, vitrines renfermant des inscriptions égyptiennes, puniques, grecques, latines, arabes.

Le Musée Lavigerie, fondé au séminaire par ordre du cardinal, renferme le produit des fouilles très fructueuses que le R. P. Delattre dirige depuis plus d'un quart de siècle à Carthage.

Jardin (autour de la chapelle de Saint-Louis). — Nombreux *morceaux d'architecture*, débris de statues ou de bas-reliefs, inscriptions latines, païennes ou chrétiennes, coffrets cinéraires trouvés dans des tombes puniques, pierres tombales musulmanes. — En face de la grille d'entrée du jardin, statue colossale de *déesse* (peut-être la déesse Céleste), dont la tête était entourée d'un voile flottant. — Derrière cette statue, série de huit grandes salles voûtées, qui offrent des traces d'une décoration luxueuse (peintures murales, placages en marbre) et que certains archéologues considèrent, sans doute à tort, comme ayant appartenu au palais du proconsul romain. Au-dessus s'étendait un long portique, formant de ce côté le front de l'enceinte sacrée qui paraît avoir occupé le sommet de la colline. — Dans l'allée de dr. du jardin, statue de Muse; dans l'allée de g., cheval en pierre. — En avant de la chapelle, *sarcophage* colossal de style grec (IVe s. av. notre ère) provenant de la nécropole punique de Sainte-Monique.

Au fond de ce jardin, aux deux extrémités d'un **portique** qui précède le séminaire, sculptures colossales en haut-relief, trouvées sur la colline de Saint-Louis, près de l'entrée de la cathédrale; elles représentent des *Victoires*, tenant soit une corne d'abondance, soit un trophée, etc.

Vestibule. — Deux panneaux chrétiens, d'un beau style, mais très mutilés, recueillis dans la basilique de Damous-el-Karita (*V.* ci-dessous) : l'ange annonçant aux bergers la naissance du Sauveur; l'Adoration des bergers et des mages. — Inscription trouvée à la *Basilica majorum arcarum* (*V.* ci-dessous), en l'honneur de Ste Perpétue et de ses compagnons martyrs. — Dans des vitrines, collection de représentations de la Vierge et de prières à la Vierge (VIe-VIIe s.).

Salle punique (à dr. du vestibule). — Cette salle est d'un très grand intérêt. C'est là que sont réunis les *objets trouvés dans les tombeaux carthaginois* ouverts par le P. Delattre en divers endroits : dans le flanc S. de la colline de Saint-Louis, à Douïmès et surtout près de Damous-el-Karita et de Sainte-Monique. Les plus anciens sont du VIIe s. avant notre ère, les plus récents du IIe s. Ils révèlent une civilisation franchement orientale à l'origine, influencée surtout par l'Egypte, mais que pénètrent de plus en plus des éléments helléniques, apportés principalement de Sicile, où les Carthaginois ont été en contact prolongé avec les Grecs.

Les pièces les plus remarquables sont des sarcophages tirés de la nécropole punique située entre Damous-el-Karita et Sainte Monique (V. ci-dessous). Sur les couvercles sont sculptées en haut-relief les images des morts (ces images étaient peintes) : — 1° *Jeune femme* (probablement une prêtresse) tenant de la main droite une colombe : sa tête est couverte d'un voile que surmontent une dépouille d'épervier et une sorte de couronne ; sur ses épaules est jetée une pèlerine, consistant en trois bandes d'étoffe super-

Amphithéâtre de Carthage.

posées ; le corps est vêtu d'une tunique légère qu'enveloppent en bas deux grandes ailes croisées ; les yeux sont ouverts, l'expression du visage est fine et calme : c'est là une œuvre de premier ordre. — 2° *Homme barbu* (probablement un prêtre), levant une main dans un geste de prière et tenant de l'autre une cassolette à offrandes : il est vêtu d'une longue tunique, sur laquelle est jetée une sorte d'épitoge, tombant de l'épaule gauche. — 3° et 4° (moulages ; les originaux sont au Louvre). Autre *prêtre* et *femme*, dans une attitude de douleur, la tête couverte d'un voile qu'elle écarte de la main. — Le style et le costume de cette dernière image sont purement grecs ; dans les autres, le style est également grec, mais le costume est carthaginois. Ces sarcophages datent de la fin du ive s. av. notre ère, ou du début du iiie. — Deux couvercles de *coffrets* offrent les images des Carthaginois dont les restes brûlés furent déposés dans ces caisses : l'une de ces figures est accompagnée d'une inscription signifiant *Baalchillec le rab* (le chef ou le prêtre) ; l'autre est une sculpture en haut-relief, finement exécutée ; le personnage, vêtu comme les hommes des grands sarcophages, porte en outre un turban. — Des *stèles* qui étaient dressées au-dessus des tombeaux représentent le mort ou la morte debout, tenant d'une main une cassette de sacrifice et levant l'autre main pour prier.

Dans le **mobilier funéraire**, on remarquera : les amulettes, en pâte de verre, généralement de style égyptien : les *bijoux* ; les miroirs ; des instruments en bronze de forme allongée, sur lesquels sont gravés des divinités, des palmiers, des animaux divers, etc. (ce sont, selon les uns, des rasoirs, selon les autres, des hachettes, symboles du culte de la hache, répandu chez beaucoup de peuples antiques) ; les *figurines* en terre cuite ; les *masques* en terre cuite représentant des hommes grimaçants ou des femmes (V. p. 28) ; les segments d'œufs d'autruche, sur lesquels sont peints des visages, destinés sans doute à écarter les puissances malignes, etc.

Parmi les **poteries**, très nombreuses, plusieurs imitent des formes d'animaux (sphinx, oiseaux). Outre celles qui sont de fabrication locale, il y en a beaucoup qui proviennent de l'étranger (vases de style corinthien à figures d'animaux et à larges rosaces sur fond jaunâtre ou grisâtre ; vases en terre noire fumée, fabriqués peut-être en Étrurie ; céramiques à vernis noir brillant, d'aspect métallique, provenant sans doute d'Italie ; quelques vases à figures rouges qui doivent être aussi d'origine italienne). — Sur les murs de cette salle, plusieurs *mosaïques* de l'époque romaine.

Salle romaine et chrétienne (à l'extrémité g. du portique). — Quelques *morceaux de sculpture* intéressants : têtes de Cérès, d'une Fortune protectrice d'une ville, de la déesse Céleste, d'Hercule, d'Apollon, d'Auguste voilé, d'Octavie, sœur de ce prince, de Marc-Aurèle jeune ; 2 bas-reliefs en stuc, provenant d'un tombeau du IIe s. (femme à sa toilette ; la même femme lisant) ; petit bas-relief en marbre (Amours jouant de la musique et dansant) ; petit sarcophage représentant des enfants en train de jouer. — *Mosaïques*, les unes païennes (l'Hiver et l'Automne, Hermaphrodite, etc.), les autres chrétiennes (panneaux décoratifs, avec épitaphes, placés sur des tombes). — **Nombreux menus objets** : très riche collection de lampes païennes et chrétiennes, terres cuites (l'une d'elles représente un joueur d'orgue), monnaies, verres, pierres gravées, ivoires (petit buste de Minerve), tablettes de plomb, sur lesquelles sont gravées des formules de sorcellerie pour obtenir la perte d'un ennemi ou le retour d'un amant infidèle. — Quelques boucles de ceinturon et des monnaies françaises du XIIIe s. sont des souvenirs du séjour des croisés à Carthage, en 1270.

Au sortir du jardin, on s'arrêtera quelques instants à contempler le **panorama**, qui est merveilleux du rebord O. de la colline de Saint-Louis. — À dr., du côté de la Goulette (près de la halte de Douar-ech-Chott), deux étangs représentent le *cothon*, double *port intérieur* de Carthage, qui a été déformé par des travaux de terrassement : il comportait une partie rectangulaire et une partie circulaire (du côté de la colline de Saint-Louis) ; dans la partie circulaire, une île portait les bâtiments de l'Amirauté ; des fouilles exécutées en 1908 et en 1910 y ont fait découvrir des soubassements d'édifices de l'époque punique. — En face, sur le rivage, l'ancien palais de Mustapha-ben-Ismaïl, dit *palais de Dermèche*, propriété du dernier bey, qui y avait fixé sa résidence d'été (ne se visite pas), a été construit sur l'emplacement d'un vaste édifice qui paraît avoir été des thermes. — À g. se développe une suite de hauteurs, colline de Junon, plateau de l'Odéon, colline de Bordj-Djedid, plateau de Sainte-Monique. — Au delà de ce premier plan, horizon étendu. Au N.-E., le cap Carthage couronné du village de Sidi-bou-Saïd. En face, le golfe que borne la belle ligne de la péninsule

du cap Bon. Sur la dr., les silhouettes caractéristiques du Dj. Bou-
Kornein, au pied duquel s'étale Hammam-Lif, et du Dj. Ressas;
plus loin, celle du Dj. Zaghouan. Plus à dr. encore, la Goulette,
le lac et son canal, à l'extrémité duquel apparaît Tunis. Sur la g.,
au delà de Sidi-Bou-Saïd, la Marsa, que dominent au S. les pentes
couvertes par le vignoble de l'Archevêché, au N. la colline de
Kamart, où se trouvait dans l'antiquité une nécropole juive.

Cliché de M. J. Valensi.

Palais de Dermèche et Sidi-bou-Saïd.

[En descendant le long du flanc S. de la colline de Saint-Louis, on ren-
contrera des vestiges de diverses époques, dans des tranchées faites par le
P. Delattre : tombeaux puniques construits en grandes pierres; série d'absides
semi-circulaires, faites pour soutenir la partie de la colline qui les domine;
vestiges d'un rempart élevé probablement au début du ve s. de notre ère.
   Dans le flanc S.-E. de la même colline (sous l'hôtel Saint-Louis) a été
trouvé, en 1895, une *crypte* qui peut être visitée (avec l'autorisation des
Pères Blancs, qui en ont la clef). Elle consiste en un couloir et en une salle
voûtée rectangulaire, où l'on voit une peinture représentant un homme
debout, la tête entourée d'un nimbe. Ce saint est flanqué de plusieurs autres
personnages, à peine distincts. A g., le couloir a été mis en communication
avec une citerne plus ancienne, convertie en annexe de la salle. Quel sou-
venir pieux s'attachait à cette crypte? Peut-être était-ce un cachot où
quelque martyr avait été enfermé avant d'être conduit au supplice.]

   Du Musée, on se rendra, en descendant le revers O. de la colline
de Saint-Louis (1 k. env. par la route), à l'**amphithéâtre**, situé

au bas de ce revers. Presque aussi grand que le Colisée de Rome, il est fort mal conservé. C'est là que Ste Perpétue et ses compagnons furent mis à mort sous Septime Sévère en 203. En mémoire de ces martyrs, le cardinal Lavigerie y a fait dresser une colonne surmontée d'une croix. Comme au Colisée, il y avait de vastes souterrains sous l'arène; ils ont été en partie déblayés et une chapelle y a été établie (pèlerinage à la fête des martyrs).

[Dans le voisinage, on a découvert de nombreuses sépultures romaines (deux cimetières étaient réservés aux employés de l'administration impériale); le mobilier funéraire de ces tombes et les épitaphes sont en grande partie conservés au Musée Lavigerie.]

De l'amphithéâtre, on montera (à g. de la route, dans la direction du N.-E.) au petit village arabe de *la Malga*, bâti sur de vastes *citernes romaines*. On y compte 15 compartiments, qui servent actuellement d'écuries et d'étables. Ces citernes étaient alimentées par l'aqueduc construit sous Hadrien, qui amenait à Carthage les eaux de Zaghouan (*V.* p. 50). Des vestiges de cet aqueduc se voient tout près de là. St Cyprien fut enseveli dans le voisinage des citernes de la Malga. On croit que sa tombe, sur laquelle fut construite plus tard une grande basilique, était sur la butte appelée *Coudiat-Soussou*, à l'E. du village (croix commémorative).

En poursuivant à l'E. au delà de la croix de St Cyprien, on parvient au *plateau de l'Odéon*, où se trouve une *nécropole punique* de basse époque (iii e-ii e s. av. notre ère), que le Service des Antiquités a fouillée partiellement. En cet endroit, les Romains ont construit : 1° sur le versant méridional du plateau, un **théâtre**, qui comprenait quatre galeries concentriques superposées et, en haut, un portique à colonnades; diverses statues y ont été découvertes, entre autres, une statue colossale d'Apollon, maintenant au Musée Alaoui; la scène a été un peu restaurée et, depuis 1906, quelques représentations y ont été données; — 2° au N. de ce théâtre et lui tournant le dos, sur le plateau même, un *odéon* (en partie déblayé); l'édifice, qui avait la forme d'un petit théâtre, était décoré avec un grand luxe (dallages et placages en marbres divers, colonnes, entablements sculptés) et on y a trouvé de nombreuses statues; mais il est en si mauvais état qu'il n'offre que peu d'intérêt. — Au S.-O. du théâtre, un monument circulaire présentait plusieurs galeries concentriques; on ignore sa destination. De belles *maisons romaines* ornées de mosaïques s'étageaient sur les pentes qui regardent la mer; plusieurs ont été déblayées.

En continuant dans la direction du N., on arrive aux ruines de **Damous-el-Karita**, situées auprès du cimetière des Pères Blancs. Fouillées par le P. Delattre, elles occupent le milieu d'une vaste nécropole chrétienne. Il n'en reste guère que les fondations. — Au N.-E., contre le cimetière, se voient les traces d'une *chapelle* en forme de trèfle, qui était richement décorée. Il y avait des tombes (sans doute de saints martyrs) dans les trois absides. Des vestiges de bâtiments se voient aux abords. — Plus tard, on construisit auprès de cette chapelle une vaste *basilique*. Cet édifice mesurait 65 m. de long. sur 45 de large : la porte principale regardait le

N.-O. Au fond, au S.-E., il y avait une grande abside, plus élevée que le sol de l'église (l'hémicycle que l'on voit en avant de cette abside est de très basse époque). Une autre abside existait au S.-O. — La dénomination de Damous-el-Karita est peut-être une corruption de *domus caritatis* (maison de charité). On ignore quels furent les martyrs ensevelis dans la chapelle tréflée, en l'honneur desquels fut élevée la basilique.

Une cour semi-circulaire s'étendait au N.-E. de la basilique et la reliait à la chapelle tréflée. Au S.-O. de la basilique, une grande salle, partagée en plusieurs vaisseaux, était un *baptistère* (piscine de forme hexagonale). — Dans le voisinage immédiat de ces bâtiments, on voit des ruines diverses, chapelles, oratoires, mausolées, etc.; partout on a retrouvé des tombes.

A l'E. de Damous-el-Karita et au N. de Bord-Djedid, le P. Delattre a fouillé un grand *cimetière punique*, qui date des IVᵉ et IIIᵉ s. avant notre ère. Les sépultures sont des caveaux creusés dans le tuf, auxquels on accédait par des puits très profonds. C'est de là que proviennent les sarcophages sculptés et une bonne partie du mobilier funéraire exposés dans la salle punique du Musée Lavigerie (V. ci-dessus). — A 700 m. N. environ de Damous-el-Karita, près de Dar-bou-Kris à l'E., le P. Delattre a découvert les vestiges d'un vaste *cimetière chrétien* et d'une *basilique*, la *Basilica majorum arearum* (c'est-à-dire du grand cimetière): Ste Perpétue et ses compagnons y étaient ensevelis, ainsi que l'atteste l'inscription signalée p. 36, conservée au Musée Lavigerie.

De Damous-el-Karita, on se rabattra, en direct. S.-E., de l'autre côté de la voie du tram, sur les *grandes citernes de Bordj-Djedid*. Elles consistent en 17 chambres parallèles, de 30 m. de long sur 7 m. 50 de large, flanquées de deux galeries latérales. Construites au IIᵉ s. de notre ère (probablement sous Hadrien, en même temps que l'aqueduc de Zaghouan), elles ont été restaurées pour contenir l'eau nécessaire à la ville de la Goulette.

Un grand nombre de *tombeaux puniques*, appartenant pour la plupart aux VIIᵉ et VIᵉ s. av. notre ère, ont été trouvés, par le P. Delattre et par le Service des Antiquités, au S.-O. et au S. des citernes, dans les quartiers de *Douimès* et de *Dermèche* les objets recueillis sont, les uns au Musée Lavigerie, les autres au Musée Alaoui). Le nom de Dermèche vient de *thermis*; on voit en effet, sur le bord de la mer, des vastes ruines en blocage, ayant appartenu à des *thermes* construits sous le règne d'Antonin le Pieux.

Dans ce même quartier de Dermèche, on a déblayé une *église byzantine*. Elle mesurait env. 35 m. de long. L'intérieur était partagé en 5 vaisseaux par des colonnes prises à des édifices plus anciens. L'autel se trouvait au milieu de la nef centrale et était isolé par des balustrades. Au fond, abside semi-circulaire, qui était réservée au clergé. — A g. de cette église, plusieurs annexes : 1° un baptistère, dont la piscine, de forme octogonale, était entourée de colonnes de granit et de marbre; 2° une chapelle à abside: en avant de cette abside, on a découvert un tombeau (de saint), qui était sans doute surmonté d'un autel; 3° des salles diverses, peu distinctes. Il y avait des pavements en mosaïques ornementales dans l'église et dans plusieurs parties des dépendances.

Plus au S. encore, entre le palais beylical et la colline de Saint Louis, des fouilles ont amené la découverte de plusieurs milliers d'ex-voto, portant des images symboliques et des dédicaces puniques à la déesse Tanit Péné-Baal et au dieu Baal Hammon. Non loin, à 150 m. N. de l'ancien port, on a trouvé des milliers de projectiles (boulets en pierre, balles de fronde en terre cuite), qui formaient l'approvisionnement d'un arsenal punique.]

Au delà de la station de Carthage, la voie du tram s'élève en rampe accentuée (tranchée) aux haltes de *Sainte-Monique* (sur la dr., couvent de ce nom) et de *la Briqueterie*, puis, suivant la crête des hauteurs (belle vue), atteint la station de *Sidi-bou-Saïd*.

[A 500 m. N.-E. de la station (⚇ en forte pente), le v. indigène de **Sidi-bou-Saïd**, étalé en amphithéâtre sur le flanc S.-O. de l'éperon de 130 m. d'alt.

Cliché de M. J. Valensi.

Sidi-bou-Saïd.

qui se termine au *cap Carthage*, est pittoresque au possible : il a conservé toute sa couleur locale. — A l'extrémité N. se trouve un *phare*, installé en 1840 et le plus ancien des phares tunisiens; c'est du sommet de sa tour massive qu'on jouit le plus complètement du *panorama*, qui est magnifique.

Sidi-bou-Saïd est relié par une route à (2 k. 5) la Marsa. Les piétons trouveront plus intéressant de gagner la Marsa par un sentier qui descend du phare sur la mer et suit à flanc de coteau le rivage. — A recommander également, comme parcours pittoresque, le sentier récemment aménagé qui contourne en corniche, dans la direction opposée, les escarpements du cap Carthage.]

De la station de Sidi-bou-Saïd, descente rapide sur la Marsa, au travers du *vignoble de l'Archevêché* (terrains très sablonneux). On laisse à g., à la halte de *la Corniche*, une grande *villa*, résidence d'été de l'archevêque de Carthage. Vue très belle sur la mer.

La Marsa (restaur. *de la Régence*) est une agréable station estivale et balnéaire, pourvue d'une plage fraîche et bien encadrée. Villas et jardins.

Là se trouve un *palais beylical* : c'est une grande construction sans caractère dont dépendent des jardins (peuvent être visités sur autorisation donnée par l'administrateur de la liste civile, à Tunis). — Le Résident général et les consuls étrangers ont à la Marsa des habitations d'été.

[Au N.-O., hauteurs sablonneuses du *Dj. Khaoui* (101 m.) et de *Kamart*, creusées de nombreux caveaux funéraires, où les tombes sont disposées comme des fours. C'était la nécropole des juifs établis à Carthage pendant la domination romaine.]

De la Marsa à Tunis par la Soukra et l'Ariana, *V.* ci-dessous, 3°.

La voie du tram décrit une boucle dans la Marsa entre les deux stations de *Marsa-plage* et de *Marsa-ville*. De cette dernière à Tunis, on traverse d'abord des jardins et des olivettes, puis on se rapproche du lac de Tunis et on poursuit le long du rivage dans des terrains salés, de végétation chétive, qui ne cessent qu'à l'arrivée à Tunis.

3° L'Ariana et la Soukra.

13 k. — électr. de la rue de Rome à l'Ariana toutes les 15 min. en 30 min. ; 30 c. de la rue de Rome et 20 c. du Belvédère. — On pourra combiner cette course avec celle de Carthage et de la Marsa (*V.* ci-dessus, 2°), ce qui permettra d'effectuer l'aller et le retour de cette dernière par des itinéraires différents.

2 k. de Tunis au Belvédère (*V.* p. 22). — La route, laissant à dr. le Jardin d'Essai et l'Ecole d'Agriculture, suit la direction du N., au travers d'olivettes et de jardins.

6 k. 5. **L'Ariana**, lieu de villégiature (nombreuses maisons de campagne) pour les indigènes aisés de Tunis, spécialement pour les israélites. — On laisse le village à g. et on prend à dr., un peu avant les premières maisons.

La route, désormais en direction N.-E., traverse d'abord des olivettes, puis des terrains sablonneux, qu'occupent des vignobles.

13 k. Plaine de la Soukra. — A peu de distance au N. de la route s'étend la *Sebkha-er-Riana*, vaste bas-fond qu'inondent les eaux de la mer et où elles déposent d'épaisses couches de sel.

[De la Soukra, la route se poursuit, en direct. E., jusqu'à (18 k. de Tunis) la route de Tunis à la Marsa, à la hauteur de la bifurc. de Carthage (21 k. jusqu'à Carthage, 21 k. 5 jusqu'à la Marsa ; *V.* p. 31).]

4° Radès et Hammam-Lif.

(trains assez nombreux) : 10 k. en 18 min. jusqu'à Radès pour 1 fr. 10, 85 c. et 50 c. ; 17 k. en 30 min. jusqu'à Hammam-Lif. pour 1 fr. 90, 1 fr. 45 et 75 c. ; pour descendre aux arrêts de Mégrine et de Saint-Germain, aviser le chef de train. — L'établissement d'un tram électr. de Tunis à Radès et à Hammam-Lif semble prochain ; s'informer. — de 16 k., qui

laisse Radès à g., mais à laquelle ce village est relié par un embranch.
de 3 k. env. au k. 7,2. De plus, ⚺ directe, de 6 k. 5, de Radès à Hammam-Lif.

La voie ferrée s'écarte à g. de celle d'Algérie et se développe
entre les terrains gagnés sur le lac et la colline de Sidi-bel-Hassen
dont on aperçoit le marabout à dr. (*V*. p. 23).

4 k. *Djebel-Djelloud*, ☓ des lignes du Mornag, de Zaghouan et
du Kef, à dr. (*V*. p. 48). — On traverse des terrains salés, inondés
à la saison pluvieuse, puis des cultures et des vignes. Sur la dr.,
village de Sidi-Fathalla et plaine du Mornag (*V*. p. 45), que
dominent les Dj. Bou-Korneïn et Ressas; sur la g., au delà du lac,
Carthage et la Goulette.

6 k. *Mégrine*, vaste exploitation agricole. On longe le lac, où
se voient souvent des flamants roses. L'embranch. minier de
Bir-Kassa à la Goulette (*V*. p. 31) recoupe en contre-haut la voie
ferrée.

10 k. **Maxula-Radès**. Le village indigène de *Radès* s'étage à
dr. de la voie au penchant d'une colline, d'où l'on jouit d'une vue
admirable; à son extrémité N.-E., belle *villa Landon*. Un centre
européen, qui s'est porté héritier de l'antique *Maxula*, s'est constitué
au bas de la colline, sur la g. de la voie. Une bonne route conduit
à (moins de 2 k.) une plage agréable sur le golfe de Tunis (installations balnéaires dans la belle saison; petit tram automob. pour
10 et 15 c.).

De Radès à la Goulette et à Carthage, *V*. p. 32.

Au delà de Radès, trajet en plaine à faible distance du rivage
du golfe; on traverse l'*Oued Miliane*. — 14 k. *Saint-Germain*, v. européen relié à la route par un embranchement.

17 k. **Hammam-Lif** (café-restaurant), qui s'appelait dans l'antiquité *Naro*, est un coquet v. européen en voie de développement,
enserré entre la mer et les contreforts du Dj. Bou-Korneïn. — Il
tire son nom d'une propriété de ses eaux thermales chlorurées
sodiques (Hammam-Lif veut dire *les bains du nez*; ces sources s'appelaient dans l'antiquité *Aquæ Persianæ*). Petit établissement thermal,
qui comporte quelques cabines de bains, une piscine et des douches.
— Hammam-Lif est surtout une station de bains de mer (plage
bien exposée au N.) et de villégiature estivale. Sur la plage, casino
ouvert à la saison chaude et très fréquenté des Tunisiens. — A dr.
de la route, palais beylical.

|**Le Djebel Bou-Korneïn** (576 m.; mont., 2 h.; desc., 1 h.; recommandé).
— Les flancs N. de la montagne ont été reboisés en pins d'Alep par le Service des Forêts. Un bon sentier conduit jusqu'au sommet du piton le plus
élevé, celui de l'O., que couronne un signal géodésique (vue magnifique et
très étendue). — On y a trouvé les restes d'un autel jadis entouré d'un
grand nombre de stèles votives dédiées au dieu *Saturnus Balcaranensis*. —
Un autre piton, à l'E., est moins élevé de 80 m.
D'autres sentiers moins bien tracés, mais pittoresques, sillonnent le
massif : le plus intéressant, qui passe entre les deux pitons, permet de
gagner Crétéville (*V*. p. 45).]

Les cyclistes et les automobilistes pourront pousser jusqu'à (24 k.)

Potinville et (39 k.) Grombalia, d'où ils regagneront Tunis par le Khanguet et le Mornag (*V.* ci-dessous, 5° et 6°, et p. 58).

D'Hammam-Lif à la Zaouïa (Mornag), *V.* ci-dessous, 5°.

5° Le Mornag.

28 k. en 1 h. 35 (peu commode en raison de la lenteur et du petit nombre des trains); 2 fr. 80, 2 fr. 10 et 1 fr. 40. — Bonne parallèle à la voie ferrée, sur laquelle s'amorcent d'autres chemins généralement bons qui permettent de suivre au retour un itinéraire différent de celui de l'aller. — Pour combiner l'excursion du Mornag avec celle d'Hammam-Lif, *V.* ci-dessus et ci-dessous (les billets d'all. et ret. Tunis-Crétéville peuvent être utilisés entre le Khanguet et Tunis moyennant un supplément, et ceux de Tunis-Khanguet entre Crétéville et Tunis sans supplément; d'autre part, il est possible en voiture, en une journée bien employée, et très facile en auto, de traverser le Mornag jusqu'à Crétéville ou jusqu'à Ahmed-Zaïd, de gagner de là Hammam-Lif par la Zaouïa, de pousser jusqu'à Potinville et de revenir à Tunis), et avec celle de Zaghouan, *V.* ci-dessous.

On désigne sous le nom de **Mornag** une plaine de plusieurs milliers d'hectares (importants vignobles) qui s'étend au S.-E. de Tunis, le long du cours inférieur de l'Oued Miliane; une promenade de ce côté ne manquera pas d'intéresser les touristes désireux de se renseigner sur notre œuvre colonisatrice en Tunisie. — Les belles formes des montagnes qui bordent l'horizon (Dj. Bou-Korneïn, Ressas et Zaghouan) ajoutent à l'agrément de l'excursion.

Après avoir suivi la route d'Hammam-Lif jusqu'à Djebel-Djelloud (*V.* p. 44), on prend à dr. et on passe auprès du v. de *Sidi-Fathalla* (à dr.). La voie ferrée emprunte la ligne de Zaghouan jusqu'à (8 k.) Bir-Kassa, puis rejoint la route de terre qu'elle suit en accotement.

11 k. Traversée de l'Oued Miliane, puis vastes olivettes. — Vers le k. 14,5, route à g. sur (8 k.) Hammam-Lif. — 15 k. *La Zaouïa.* — 17 k. *La Cebala.*

21 k. **Haut-Mornag** ou **Crétéville**, du nom d'un des principaux colons de la région. — Vignobles étendus.

[A g., sur (16 k.) la station du Khanguet et sur (18 k.) Grombalia (*V.* p. 58). — Cette route suit le *Khanguet-el-Hadjadj* (le défilé des pèlerins, emprunté par l'anc. route de Sousse, par où passaient les pèlerins de la Mecque), dépression pittoresque entre le Bou-Korneïn et le Ressas, où l'on a voulu voir, à tort sans aucun doute, le *défilé de la Hache* (ou plus exactement *de la Scie*), théâtre du suprême épisode de la guerre des mercenaires. Au départ de Crétéville, pentes assez rapides, mais courtes, suivies de descentes généralement douces. Vignobles dominés par des broussailles que conquièrent peu à peu les défrichements.]

23 k. *Ahmed-Zaïd.*

[Au delà d'Ahmed-Zaïd, la route se prolonge par la vallée de l'*Oued-el-Hamma*, affluent du Miliane, entre des hauteurs couvertes de hautes broussailles. A la tête de la vallée se dressent les escarpements rocheux du *Dj. Sidi-Zit* (751 m.) et du *Kef-et-Tihala* (668 m.); trajet pittoresque, pentes bien ménagées. On contourne par l'O. le Dj. Sidi-Zit (ascens. facile en 2 h.;

beau panorama) et on passe dans la vallée de l'*Oued Zit*, qui devient plus bas l'*Oued Ramel*, sur le versant du golfe d'Hammamet.

55 k. (de Tunis), *Sainte-Marie du Zit*, orphelinat agricole de garçons. — De Sainte-Marie, on peut gagner Zaghouan (*V.* ci-dessous, 7°) par une bonne route de 17 k. en direct. O.]

Le ch. de fer s'écarte de la route et appuie à g. — 27 k. *La Fonderie*.

28 k. *La Laverie*, au pied du Dj. Ressas. — Orphelinat agricole de filles. — Installations minières.

[**Le Djebel Ressas** (796 m.; mont. 3 h.; desc. 1 h. 30). — Cette cime pittoresque, dont le nom signifie *la montagne de plomb*, est un dôme de calcaires jurassiques aux flancs abrupts; une maigre forêt recouvre les pentes inférieures; tout le haut n'est que rochers à pic. Une faille, qui se raccorde à celle du Dj. Zaghouan (*V.* p. 50), coupe les calcaires à l'O.; dépôts de calamine (zinc), qui sont exploités activement.

De la Laverie, on se rend, par un chemin à peu près carrosable, au village ouvrier situé au N.-E., d'où l'on rétrograde au S. pour atteindre le palier qui se trouve au milieu du plan incliné servant au transport des minerais. De ce point, des sentiers miniers mènent au sommet. La vue y est magnifique. — On abrégerait considérablement en obtenant de l'administration de la mine l'autorisation de prendre place à la montée jusqu'au palier dans un des wagonnets remorqués à vide sur le plan incliné.]

6° Korbous et le cap Bon.

jusqu'à (35 k.) Soliman en 1 h. 15 à 1 h. 30; 3 fr. 90, 3 fr. et 1 fr. 85; all. et ret. 5 fr. 80, 4 fr. 15 et 2 fr. 55; changement de train à Fondouk-Djedid (voit. directe entre Tunis et Soliman au départ du mat. de Tunis et à celui de l'après-midi de Soliman). — 🚋 de Soliman à (18 k.) Korbous et serv. de voit. en 1 h. 45, 2 fr. (all. et ret., 3 fr.).

Autocyclisme : — 🚲 de 48 k. (route de Sousse, puis prendre à g. vers le k. 22,5 peu après la station de Potinville, jusqu'à Soliman, où l'on prend de nouveau à g. après avoir dépassé la mosquée; chaussée étroite et tournants brusques sur les 8 derniers k.). — Serv. d'automob. de Tunis 2 fois par sem. (le jeudi et le dim.) en 2 h. à 2 h. 30; 10 fr. all. et ret.; s'informer.

17 k. de Tunis à Hammam-Lif (*V.* ci-dessus, 4°). — 24 k. *Bordj-Cédria-Potinville*, station du vaste domaine Potin (grands bâtiments sur la dr.; vignobles étendus; exploitation de chaux et de ciments; pour visiter, écrire au gérant). Sur la g. se profile la côte O. du cap Bon, où Korbous apparaît comme un point blanc. — La voie ferrée, quittant le bord de la mer, coupe à la base la *péninsule du Cap Bon*; belle et large plaine déjà en partie colonisée.

29 k. **Fondouk-Djedid** (buvette), ✕ sur Sousse, à dr. Sur la g., on aperçoit Soliman et ses minarets; à 2 k. sur la dr., baraquements militaires du *Camp-Servière*.

De Fondouk-Djedid à Kairouan, *V.* ci-dessous, 9°.

On laisse à dr. la ligne de Sousse. La région que dessert l'embranchement de Soliman et de Menzel-bou-Zalfa est l'une des plus riches de la Tunisie et des plus curieuses pour qui s'intéresse à la vie rurale indigène; on y voit de gros villages entourés de jardins et d'olivettes considérables (env. 1,700,000 oliviers; nombreuses huileries).

35 k. Soliman est une petite V. indigène de 2,500 hab., fondée au début du xvii⁰ s. par des Maures espagnols. — Marché le vendredi.

[Le ch. de fer est ouvert, sur 8 k. au delà de Soliman, jusqu'à la station de *Menzel-bou-Zalfa*, à mi-chemin du gros bourg indigène de ce nom et de celui de *Beni-Kraled*, l'un et l'autre d'env. 2,000 hab. — ⊕ de Soliman à Menzel-bou-Zalfa et à Beni-Kraled, se continuant de Beni-Kraled sur (10 k.) Grombalia (*V.* p. 58).]

La route se déroule au travers de cultures et d'olivettes. — 9 k. (de Soliman). On franchit un oued et on laisse à dr. une route en cours de construction sur (67 k. env.) l'extrémité N. de la péninsule et le cap Bon (*V.* ci-dessous), par (3 k.) *Mraïssa*, importante exploitation agricole, et (40 k.) *Tozegrane*. La route de Korbous, tracée en direction N., se rapproche de la mer. — 10 k. 5. *Sidi-Raïs* (appontement sur la mer à dr.). La route se développe en corniche le long du golfe de Tunis, au flanc d'escarpements sauvages et de falaises pittoresques; travaux d'art; belles échappées de vue sur la mer. Parcours tout à fait intéressant auquel a été donné le nom de *Côte du soleil*.

18 k. (de Soliman). **Korbous** est un joli v. arabe, blotti dans un ravin ouvert sur le golfe.

Au bord de la mer se trouve un ancien palais beylical élégamment aménagé en *établissement thermal*, et, au point le plus élevé du village, un bel hôtel construit par la *Cie des Eaux thermales et du domaine de Korbous* (hôt. *des Thermes*, ch. de 4 fr. à 12 fr. et de 2 fr. à 4 fr. dans l'annexe, pet. déj. 1 fr., déj. et din. 3 fr. 50, vin non compris, pens. depuis 10 fr., et 7 fr. à l'annexe). — Les eaux radio-actives et chlorurées-sodiques de Korbous ont une température de 44° à 60°; elles sont employées en bains et en boisson et très efficaces contre toutes les manifestations de l'arthritisme, contre les maladies des voies respiratoires, le lymphatisme, la scrofule, les affections cutanées, médullaires et gynécologiques; elles avaient provoqué, dans l'antiquité, la création d'une station thermale importante, les *Aquæ Carpitanæ*, ainsi qu'en témoignent les ruines de thermes romains (2 statues d'empereurs y ont été découvertes); de tout temps, les indigènes n'avaient cessé d'y avoir recours.

Les installations actuelles, fort bien comprises, comportent des bains, des appareils à douche, des étuves, ainsi qu'un personnel expérimenté (emprunté aux stations d'Aix ou d'Evian) de masseurs et de masseuses (bain de 1 fr. 25 à 2 fr. 50; étuve de 1 fr. 25 à 2 fr.; massage à sec ou sous l'eau avec douche, 2 fr. 50 et 3 fr.); les malades peu fortunés ont à leur disposition, dans un local spécial, des bains et des étuves à 30 c.; l'établissement est ouvert du 1er nov. au 31 mai; un médecin y est attaché. — La Cie a fait construire des villas.

Au delà du village, la route se poursuit, toujours en corniche le long du rivage, sur 1,300 m. env., jusqu'à l'*Aïn-el-Atrous*, grosse source thermale (59°; 100,000 litres par h.; très purgative) qui jaillit du rocher en contre-bas de la route et s'écoule en cascade (promenade recommandée).

Les environs de Korbous sont intéressants, d'un pittoresque sévère, mais qui ne manque pas d'attraits; le gibier y abonde; la mer est poissonneuse.

[Au S.-E. du village s'élève le *Djebel Korbous*, que desservent de bons sentiers (419 m.; 1 h. env.; beau panorama).

A 4 k. N.-E. (piste assez praticable), joli v. de *Douéla*.

A 45 k. env. N.-E. se trouve la pêcherie de thons de *Sidi-Daoud* (à la famille Raffo), l'une des plus belles madragues de le Méditerranée. où sont capturés, année moyenne. de 8,000 à 10,000 thons. La saison de pêche y commence fin mai. Le spectacle d'une *matanza* ou tuerie de thons est fort curieux. On s'y rendra plus commodément par mer que par terre. — Au large de Sidi-Daoud. îles inhabitées de *Djamour*, les *Ægimures* des anciens, que les Italiens appellent *Zembra* et *Zembretta*. — A 16 k. N.-E. plus loin. la péninsule se termine par la pointe du *Ras Addar* ou *cap Bon*. que signalent un *sémaphore*. qui occupe le point culminant du *Dj. Abiod* (386 m.; vue très étendue par temps clair) et un *phare*, qui couronne un éperon inférieur au N. (113 m.). — Entre Sidi-Daoud et le cap Bon. sur le bord de la mer, vastes carrières antiques de *Rhar-el-Kebir* (la grande caverne). d'où Carthage tira ses matériaux et près desquelles Agathocle opéra son débarquement.]

7° Oudna et Zaghouan.

🚂 : 24 k. jusqu'à Oudna, en 1 h. 10, pour 2 fr. 70. 2 fr. 05 et 1 fr. 45 (station à 3 k. des ruines; provisions nécessaires); 62 k. jusqu'à Zaghouan. en 2 h. 45, pour 6 fr. 95. 5 fr. 25 et 3 fr. 70. — 🚲 jusqu'à Zaghouan, de 55 k. seulement. — L'excursion de Zaghouan ne demandera qu'un j., si l'on se borne à visiter les sources; on partira de Tunis par le train de la veille au soir, si l'on veut monter au Poste optique; il faudra 2 j. entiers pour faire à la fois le Poste optique et le Ras-el-Kasa. — A combiner avec le Mornag pour cyclistes et automobilistes (*V.* ci-dessus, 5°).

A. Par le chemin de fer. — 4 k. jusqu'à Djebel-Djelloud (*V.* p. 44). — On longe à l'O. la plaine du Mornag. — 8 k. *Bir-Kassa*, ⚔ à g., d'une part sur Crétéville (*V.* p. 45), d'autre part sur la Goulette (*V.* p. 31). — 13 k. *Nassen.* A g., Dj. Bou-Korneïn et Ressas; en avant, au S., Dj. Zaghouan. On franchit l'Oued Miliane. — 20 k. *Klédia.* En avant, sur la dr., arcades de l'**aqueduc romain** de Zaghouan à Carthage, qui franchissait ainsi la large dépression de la vallée du Miliane; construit sous Hadrien, ce magnifique ouvrage fut à plusieurs reprises endommagé et restauré; le plus grand nombre des arcades est encore debout; leur hauteur vers la traversée de l'oued dépasse 20 mètres. La conduite actuellement en service ne les utilise pas et passe la vallée en siphon.

24 k. **Oudna.** Les ruines sont à 3 k. S.-E. (route d'accès).

Histoire. — Oudna fut, sous le nom d'*Uthina*, une ville prospère à l'époque romaine, colonie dès le début de l'Empire.

Sur une colline, vers le centre des ruines, que couronne la maison d'un colon français, *forteresse* de 52 m. sur 27, dont les salles basses ont été aménagées en chais. Tout auprès : à l'O., monument à 3 absides et *citernes* de 65 m. sur 23; au S., thermes, semble-t-il. — En allant vers l'O., piliers d'un *aqueduc*; autres *citernes* de 7 compartiments parallèles et d'un 8° perpendiculaire, longs de 37 m. —

Vers le S., *basilique* avec crypte circulaire ; pieds-droits d'un arc de triomphe ; *théâtre* encore reconnaissable. — Vers le N.-E., restes d'un *pont* de 3 arches sur un affluent de l'Oued Miliane. — Vers l'E., vestiges d'un *amphithéâtre*.

Les *maisons* d'Uthina étaient souvent ornées de belles mosaïques. Le Service des Antiquités en a dégagé et relevé un assez grand nombre, maintenant conservées au Musée Alaoui (*V.* p. 28).

De la colline centrale, beau panorama sur la plaine du Miliane et les ruines imposantes de l'aqueduc de Zaghouan, qu'on aperçoit sur la gauche.

28 k. *Bou-er-Rebia*. On coupe l'aqueduc, dont la ligne suit désormais à peu près le tracé.

36 k. *Djebel-Oust* ou *Cheylus*, station reliée à la route qui suit par un embranch. de 2 k. env.

[Trois embranch. en patte d'oie relient également cette station à la route de Tunis au Fahs (*V.* ci-dessous, *B*), desservant les centres de colonisation de (5 k. O.) *Redir-es-Soltane*, (4 k. O.) *Aïn-el-Asker*, auprès des ruines de *Sutunurca* et (11 k. S.-O. ; serv. de voit.) *Bir-Mchergu* (aub.), proche les ruines de *Giufi*.]

La voie monte au travers de broussailles le long du flanc O. du *Dj. Oust* (396 m.), puis descend sur la plaine de Smindja. — Vue sur la chaîne du Zaghouan et la ville qu'on aperçoit sur la g. à son extrémité E.

49 k. **Smindja** ou **Depienne**, ✕ sur le Kef et sur Kalaa Djerda, à dr., station à peu de distance de la route qui suit (embranch. d'accès). — La ligne s'infléchit à g., en direct. S.-E.

57 k. *Moghrane*. On gagne, en rampe assez forte, les olivettes qui s'étendent au bas de la ville de Zaghouan.

62 k. Zaghouan (*V.* ci-dessous ; la station se trouve à 1 k. env. de la ville et en contre-bas ; route d'accès en rampe accentuée).

B. Par la route. — Sortant de Tunis par l'avenue de Carthage, on suit la ligne du tram des Abattoirs et, passé ceux-ci, on appuie sur la dr. La route s'élève sur la croupe qui sépare le lac de Tunis du Sedjoumi, descend sur l'extrémité S. de ce dernier, et remonte à (15 k.) *la Mohamedia* (ruines d'un vaste palais et de bâtiments militaires construits par le bey Ahmed). De là, descente sur la vallée du Miliane, en suivant le tracé de l'aqueduc. — Si l'on veut aller à (25 k. env.) Oudna, on prendra à g., au (19 k.) *pont* sur le Miliane, la piste qui longe l'aqueduc, puis on appuiera de nouveau sur la g. — On rejoint la voie ferrée à Bou-er-Rebia, pour s'en écarter de nouveau au pied du Dj. Oust, que la route contourne par le flanc opposé ; assez forte rampe. Autre rampe à l'arrivée à (55 k.) Zaghouan.

[Une autre route empierrée (celle de Pont-du-Fahs ; sortir de Tunis par Bab-el-Allouch ou par Bab-Sidi-Abdallah et prendre à g., après Mélassine, par le passage à niveau) permet de gagner, par (12 k.) *Bou-Nouara* (tracé assez accidenté ; rampes et courbes) et (34 k.) Redir-es-Soltane, soit, grâce à un embranchement qui s'en détache à g., la (39 k.) stat. de Djebel-Oust, d'où l'on rejoint la route de Zaghouan, soit, en poussant au delà de (42 k.)

Bir-Mcherga et en prenant à g., (57 k.) Smindja, à proximité de la même route (*V.* ci-dessus, *A*).]

Zaghouan (hôt. *de France*) est une petite V. de 2,000 hab., qui a succédé à un centre antique dont le nom n'est pas connu avec certitude, peut-être *Onellana*. Les ruines ont été recouvertes par les constructions modernes. Il ne reste debout qu'une *porte monumentale* (à l'entrée de la ville actuelle en venant de la station), dont la baie est flanquée de niches pour des statues et dont la clef de voûte offre un niveau, une couronne de chêne et une tête de bélier.

L'éperon sur lequel est situé Zaghouan (250 m. d'alt.) est séparé

Cliché de M. J. Valensi.

Porte antique à Zaghouan.

par un petit vallon des immenses escarpements rocheux qui terminent au N.-E. le massif du Dj. Zaghouan. Les terrains en contre-bas, arrosés par des eaux distraites du débit des sources, sont de beaux jardins plantés d'arbres fruitiers ou des olivettes.

[**Le Djebel Zaghouan** (1,295 m.; 30 min. jusqu'au nymphée, 2 h. 15 jusqu'au Poste optique, 5 h. jusqu'au sommet). — Le massif, partie jurassique, partie crétacé, du Djebel Zaghouan, d'une altitude relative considérable, est fait pour attirer l'attention. « Son aspect pittoresque, ses formes hardies, ses crêtes aiguës et déchiquetées l'ont signalé depuis longtemps aux touristes et aux géologues. Au S.-E., une faille, dont M. Rolland estime le rejet à 1,500 m., a coupé la montagne, formant un mur d'une hauteur fantastique; de nombreuses cassures ont en outre morcelé le massif et permis la circulation d'eaux chargées de principes minéralisateurs. » (*Pervinquière*.)

On ne manquera pas de visiter les **captations des sources** (se faire accompagner du gardien qui réside à Zaghouan ou en obtenir la clef; petite rétribution). — La plus rapprochée est celle qui a été opérée lors de la restauration de l'aqueduc au cours du XIXᵉ s. (*V.* p. 18; moins de 15 min., soit en remontant le vallon au S. de la ville, soit en suivant le chemin muletier qui sort de la ville près de la caserne des tirailleurs, qu'on laisse à dr.). Cette captation se trouve au pied d'une gigantesque muraille de rochers; les eaux sont réparties en deux fractions très inégales, la plus considérable étant déversée dans l'aqueduc de Tunis, l'autre laissée aux gens de Zaghouan. — A g., sentier du Poste optique (*V.* ci-dessous).

En longeant le bas des escarpements sur moins de 1 k. au S.-O., on arrive à l'autre captation, qui date de l'époque romaine et dont le débit est devenu à peu près insignifiant. Le château d'eau ou nymphée qui y avait été édifié est l'un des monuments antiques les plus remarquables de la Tunisie. C'est un hémicycle de 30 m. de largeur, bâti sur une plate-forme, en arrière d'un bassin presque ovale, qui recueillait les eaux de la source et les transmettait à l'aqueduc. Au centre de la courbe, *temple* en forme de grande niche cintrée qui contenait jadis la statue de la divinité protectrice de la source. Les deux ailes présentaient des colonnades; des niches ménagées dans les parois abritaient des statues.

Les touristes disposant de 4 à 5 h. combineront la promenade aux sources avec l'ascension du **Poste optique** (975 m.; se munir, à la Direction du Génie, à Tunis, d'une autorisation sur laquelle le caporal de service accordera l'usage des lunettes; bourricot ou mulet, 2 à 3 fr.). De la captation moderne, le sentier (à g.) grimpe au travers de rochers abrupts (mont., 2 h. env.). D'en haut, vue magnifique, masquée au S.-O. seulement par le Ras-el-Kasa. Le Poste optique peut communiquer avec le Kef à l'O., Tunis au N., Sousse et Kairouan au S.-E. — Aux alentours se trouvent des bouches d'avens qui sont jusqu'à présent restés inexplorés.

L'ascension du point culminant ou **Ras-el-Kasa**, à 1,295 m., demande une journée entière (mont., 5 h. env.; mulet possible jusqu'à Sidi-bou-Ghobrine, 3 à 4 fr.; guide nécessaire, qu'on trouvera à Sidi-bou-Ghobrine; provisions). On se rend au nymphée, puis on continue le long des escarpements, en s'élevant peu à peu par un sentier bien tracé. — 2 h. 30 à 3 h. *Zaouïa de Sidi-bou-Ghobrine* (690 m.). Non loin de là, installations minières pour l'exploitation de gisements zincifères. — Au delà de la zaouïa, l'ascension devient pénible; cheminées et escaliers fort rudes. — Du sommet, couronné par une pyramide du service géodésique, la vue est admirable et s'étend sur un horizon à peu près illimité.

De Zaghouan à Sainte-Marie du Zit et au Mornag, *V.* ci-dessus, 5°.]

8° Dougga.

de 102 k. jusqu'à Teboursouk et de 108 k. jusqu'à Dougga. — ligne d'Algérie jusqu'à Medjez-el-Bab (66 k. en 1 h. 45 à 2 h. pour 7 fr. 40, 5 fr. 60 et 3 fr. 95); serv. de voit. de la station de Medjez-el-Bab à Teboursouk en 6 h.; prix variables, généralement 5 fr. — Un automobile de Tunis à Dougga et retour coûtera de 110 à 175 fr. Comme il n'y a pas de restaurant à Dougga, on emportera des provisions de Tunis ou on déjeunera à Teboursouk; dans ce dernier cas, aviser d'avance l'hôtel de Teboursouk, afin d'éviter toute perte de temps. — Des excursions collectives en automobile sont organisées assez fréquemment à la saison, notamment par l'*Agence Lubin*, av. de France, 5 (45 fr. par personne, compris le déjeuner à Teboursouk); s'informer.

On peut aussi se rendre à Dougga, mais moins commodément, soit par Sidi-Zehili (ligne d'Algérie, 120 k. jusqu'à Sidi-Zehili en 3 h. à 3 h. 30 pour 13 fr. 45, 10 fr. 20 et 7 fr. 20; 38 k. de Sidi-Zehili à Dougga), soit par le Krib (ligne du Kef, 139 k. jusqu'au Krib en 5 h. 30 à 6 h. pour 15 fr. 55, 11 fr. 80 et 9 fr.; 38 k. du Krib à Dougga).

Excursion tout à fait recommandée, qu'on fera très aisément en une journée par la route directe (route du Kef par Medjez-el-Bab), pourvu qu'on ait recours à l'automobile. — Les amateurs d'archéologie consulteront avec profit l'ouvrage du Dr Carton, *Thugga* (Tunis, Niérat et Fortin, 8°, 1910, 2 fr. 50).

L'itinéraire décrit ci-dessous est la route de terre. Pour l'itinéraire par voie ferrée jusqu'à Medjez-el-Bab, *V.* le Guide *Algérie et Tunisie.*

On quitte Tunis comme si l'on voulait aller au Bardo (*V.* ci-dessus, 1°). Arrivé à ce point, on appuie sur la g., avec le tram de la Manouba, par le passage à niveau du chemin de fer. Laissant ensuite à dr. (passé Kasnadar) ce tram et les villas de la Manouba, on poursuit en direct. S.-O., par la route du Kef.

On s'élève par une longue montée, d'abord peu sensible, puis assez raide à la fin ; vue en arrière sur le bassin de Tunis ; sur la g., *Bordj-Chakir*, belle exploitation agricole.

14 k. 5. *La Mornaguia*, centre de colonisation.

19 k. A dr., fermes de *Saint-Cyprien*, à la Société J. Saurin, et *Sidi-Ali-el-Hattab*, mosquée assez importante (pèlerinage musulman fréquenté). A dr., route sur Djedeïda (*V.* p. 30). — Pays dénudé.

27 k. *Bordj-el-Amri*, vaste domaine appartenant à une société de colonisation italienne. A g., non loin de la route, *Massicault*, centre en création. — Au delà, les croupes se couvrent de broussailles.

58 k. **Medjez-el-Bab** (hôt. *des Colons*), anc. *Membressa*, petite V. de 1,200 hab., dont 300 europ., siège d'une annexe du contrôle civil de Béja, sur la rive dr. de la Medjerda, à 2 k. 5 de la station du même nom (omnibus). — Pont construit au XVIIIᵉ s. avec des matériaux antiques. — De la ville romaine, il ne subsiste que des massifs informes auprès de la rivière, quelques chapiteaux et quelques inscriptions conservés au contrôle civil. Il n'y a plus trace de l'arc monumental du pont sur la Medjerda, auquel est dû le nom actuel qui signifie *le gué de la porte.*

La route passe sur la rive g. de la Medjerda, qu'elle suit sur 11 k. 5, puis repasse sur la rive dr.

70 k. A g., *Slouguia*, anc. *Chidibbia*, petit v. indigène. — Le pays traversé est très broussailleux ; des montagnes vers le N. et vers le S.

77 k. **Testour**, qui s'appelait dans l'antiquité *Tichilla*, petite V. indigène de 5,000 hab., sur la rive dr. de la Medjerda, entourée d'assez vastes olivettes. Les gens de Testour passent pour descendre de Maures émigrés d'Espagne. — Maisons couvertes en tuiles. — Vue intéressante du *minaret* de la mosquée principale, dans la construction de laquelle ont été utilisés des fragments antiques. — Marché le vendredi.

80 k. Pont sur l'*Oued Siliana*, gros affluent de la Medjerda. Pays assez accidenté, couvert de brousse et peu habité. — Sur la dr., crête bizarrement déchiquetée du *Kef-bou-Debouz.*

86 k. **Aïn-Tounga**, ruines de *Thignica*, ville antique importante, qui devint municipe au début du IIIᵉ s. — Vers le centre des ruines, grande *forteresse byzantine*, de forme trapézoïdale, flanquée de 5 tours carrées. — A 100 m. env. à l'E., petit *arc de triomphe*. — Plus haut, à l'E., *temple* dont les murs sont encore en partie debout et dont les colonnes corinthiennes et les entablements (d'un beau style) jonchent le sol. — A peu de distance au S., édifice semi-circulaire large de 42 m. (peut-être un sanctuaire). — Entre la forteresse et la route, arc, dont il ne reste que le bas des pieds-droits. —

Au S. des ruines, vestiges d'une grande salle rectangulaire, flanquée de 2 hémicycles ornés de colonnes. — Restes de l'enceinte de la ville, à l'E. — Lors de la construction de la route, on a trouvé en ce point plus de 500 stèles votives, provenant d'un sanctuaire de Saturne et ornées de curieux bas-reliefs (auj. au Musée Aloui).

89 k. La route s'abaisse, par une longue et forte descente, au niveau de l'*Oued Khalled*, affluent de la Siliana, qui coule dans une vallée profonde. Paysage pittoresque. On aperçoit au loin Teboursouk. — A g., *Aïn-Goléa*, ruines importantes.

94 k. Pont sur l'oued, puis montée à peu près continue, parfois assez raide, jusqu'à Teboursouk. — 99 k. La brousse fait place à des olivettes. Peu après, laissant à g. la route du Kef, on prend à dr. en montant par un grand lacet qui contourne un ravin.

102 k. **Teboursouk** (hôt. : *International*, bon ; *de la Poste*), l'antique *Thubursicu Bure*, petite V. de 2,500 hab., annexe du contrôle civil du Kef, est construit en amphithéâtre, à mi-côte d'une éminence dominant la vallée de l'Oued Khalled, en contre-haut de belles olivettes. Deux mosquées d'assez grand air lui donnent à distance un certain cachet.

L'angle N.-E. de la ville est occupé par une *citadelle* byzantine de forme pentagonale. Dans le front N. de cette enceinte a été engagée une porte romaine, dont la baie est flanquée de pilastres. — Un quartier européen se construit à l'entrée de la ville sur la route de Tunis.

Il n'y a rien de curieux à Teboursouk même, sinon le *panorama*, dont on jouira, soit de la tour en ruine qui domine le contrôle civil, soit mieux encore de la hauteur au S.-O., qu'on gravira de la place du Marché. — Cimetière romain au S. de la ville; cimetière indigène ancien (dolmens) à 1 k. à l'O. du précédent. — Marché le jeudi.

[Pour l'intéressante excursion du Gorra, ainsi que pour les itinéraires de Teboursouk au Kef, à Béja, par Sidi-Zehili, et au Krib, *V.* le Guide *Algérie et Tunisie.*]

Après avoir traversé Teboursouk, on en sort par la place du Marché (à g., embranch. se raccordant à la route du Kef) et on s'élève en pente douce à flanc de coteau ; belle vue sur la vallée de l'Oued Khalled et les hauteurs qui la bornent ; en avant, escarpements rocheux du plateau de Dougga. Des vestiges de constructions antiques, notamment autour de la source de *Bordj-el-Aïn*, signalent l'approche des ruines; au delà de ce point, en contre-haut sur la dr., substructions du temple de Saturne (*V.* ci-dessous).

108 k. **DOUGGA** (*Théâtre*; *temple du Capitole*; *mausolée libycopunique*). La visite des ruines demande de 4 à 5 h. ; si l'on veut la compléter par celle des restes antiques disséminés à l'O. de la ville proprement dite, en particulier des beaux débris de l'aqueduc, il y faudra consacrer une journée entière. L'agrément extrême de la situation de Dougga, l'étendue du panorama, la beauté du bois d'oliviers séculaires où s'encadrent les ruines donnent à la promenade un charme tout particulier.

Histoire. — La ville romaine, dont le nom s'est conservé presque intact, *Thugga*, très rarement mentionnée dans les auteurs anciens, était déjà importante à l'époque punique. Le roi numide Massinissa paraît l'avoir enlevée à Carthage dans la première moitié du iiᵉ s. avant notre ère; une inscription bilingue punique et libyque, trouvée en 1904 à Dougga (auj. au Musée Alaoui), se rapporte à ce roi. Thugga dépendit probablement de la colonie romaine de Carthage jusque sous Septime Sévère; à cette époque elle devint un municipe autonome; plus tard, elle eut rang de colonie. Les monuments romains de Dougga furent à peu près tous édifiés à la fin du iiᵉ s. ou au début du iiiᵉ s. de notre ère, époque où la ville se développa sans doute rapidement. Ses ruines, qui comptent parmi les plus importantes de l'Afrique romaine, occupent une colline, dont les flancs sont à pic au N. et qui s'abaisse dans la direction du S. Des fouilles fructueuses y ont été faites, au cours de ces dernières années, par MM. Carton, Merlin, Pradère, Sadoux, Homo, Poinsot, etc.

ITINÉRAIRE. — Le **théâtre**, par lequel on commencera la visite, se trouve à l'E. Il a été déblayé par M. Carton. Au-dessus des 25 rangées de gradins régnait un beau portique. La scène, dont le mur de fond présente 3 renfoncements hémisphériques, était décorée avec luxe. Un portique à colonnes corinthiennes formait la façade et servait de promenoir; au-dessus des colonnes on lisait une longue inscription rappelant que le théâtre avait été construit aux frais d'un riche citoyen de Thugga (au iiᵉ s. de notre ère). — Du haut des gradins, fort belle vue.

Du théâtre, une rue antique, qui a été en partie déblayée, mène, au S.-O., à une place et au Capitole (sur cette rue, près du point où elle débouche sur la place, petit sanctuaire de forme semi-circulaire, dédié à la *Piété auguste*). La place est dallée (sur les dalles, rose des vents gravée avec les noms des 12 Vents). Elle était bordée : 1° au N., par un *sanctuaire* précédé de 10 colonnes et formé de 3 salles, l'une rectangulaire, les deux autres semi-circulaires (dédié à Mercure): — 2° à l'E., par un hémicycle à 3 degrés qui précédait un grand monument, probablement un temple, aujourd'hui recouvert par une mosquée; — 3° à l'O., par un **temple du Capitole**, très bel édifice dont les colonnes du portique sont debout, ainsi que la porte et le fond de la salle, et dont les murs latéraux ont été restaurés; sur la frise, une inscription rappelle que ce sanctuaire, dédié à Jupiter, à Junon et à Minerve, fut construit sous Marc-Aurèle, aux frais de deux habitants de Thugga; le fronton est orné d'un aigle; la salle offre au fond une grande niche semi-circulaire (pour la statue de Jupiter) flanquée de 2 niches carrées (pour les statues de Junon et de Minerve).

[Du théâtre ou du temple du Capitole, on ira visiter à quelque distance au S., en contre-bas dans des oliviers, le **mausolée libyco-punique** (sur le trajet, fontaine en forme d'hémicycle). Ce monument, qui paraît dater du iiᵉ s. av. J.-C., portait jadis, sur sa face E., une inscription en libyque et en punique; en 1842, un consul d'Angleterre à Tunis le fit démolir en partie pour enlever cette inscription (elle est auj. au *British Museum*). Le monument avait une hauteur de 17 m. Sur un soubassement de 6 gradins repose un socle quadrangulaire, orné de pilastres ioniques aux angles. Au-dessus, 3 autres gradins portent un nouveau massif cubique, dont les flancs étaient décorés de 8 colonnes ioniques cannelées engagées et aux angles duquel se dressaient des colonnes dégagées. Au-dessus de l'entablement de style phé-

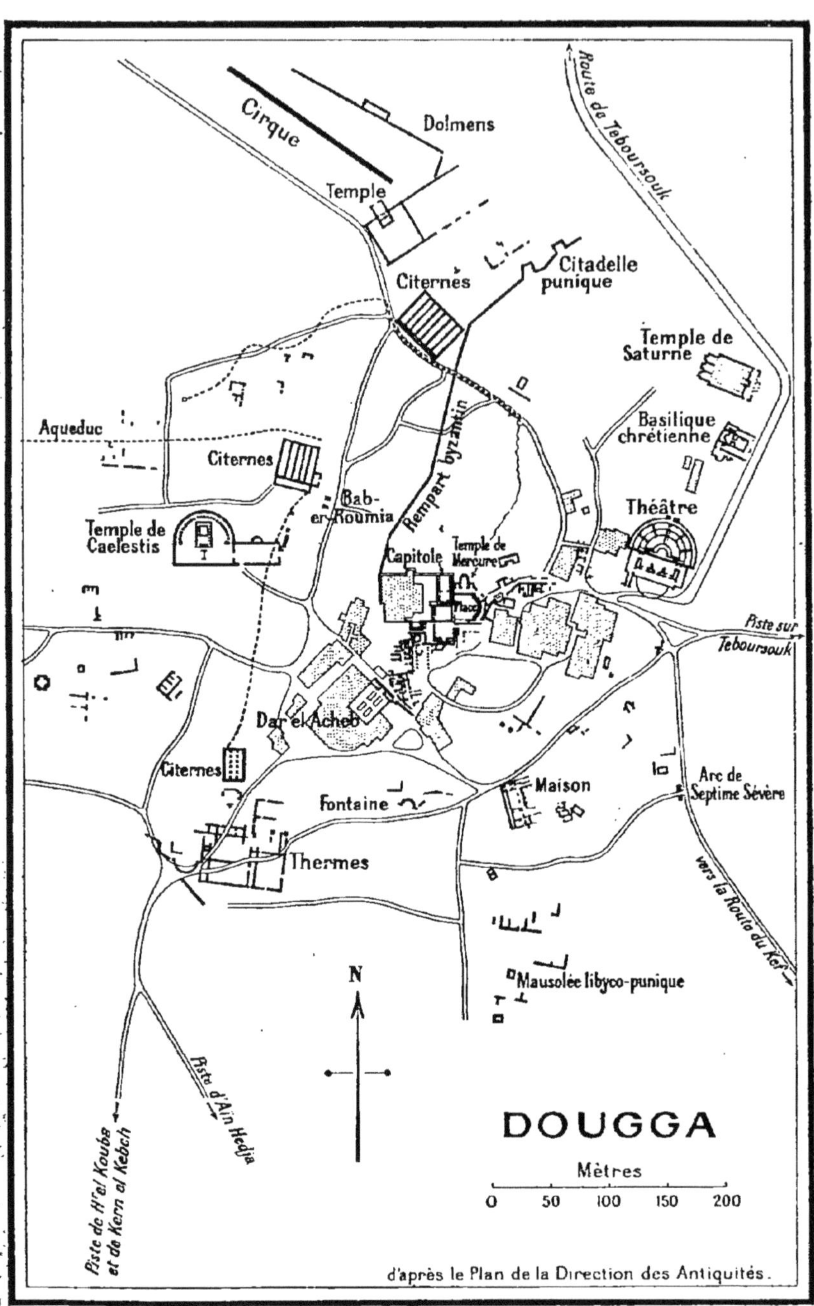

Route de Teboursouk
Cirque
Dolmens
Temple
Citernes
Citadelle punique
Temple de Saturne
Basilique chrétienne
Aqueduc
Citernes
Bab-er-Roumia
Rempart byzantin
Théâtre
Temple de Caelestis
Capitole
Temple de Mercure
Place
Piste sur Teboursouk
Dar el Acheb
Citernes
Maison
Arc de Septime Sévère
Fontaine
Thermes
vers la Route du Kef
N
Mausolée libyco-punique
Piste de H'el Koubs et de Kern el Kebch
Piste d'Ain Hedja
DOUGGA
Mètres
0   50   100   150   200
d'après le Plan de la Direction des Antiquités.

nicien qui surmontait ces colonnes, 3 gradins, cantonnés aux angles de dés portant des cavaliers, servaient de base à un 3ᵉ étage orné de quadriges en bas-relief et coiffé probablement d'une pyramide; celle-ci était flanquée aux angles de statuettes de femmes ailées. — Le Service des Antiquités a opéré la restauration de ce monument, dont les éléments absents se trouvaient simplement écroulés au pied des parties restées debout. Ce travail ayant été achevé en 1910, le mausolée se trouve maintenant (moins l'inscription) tel qu'il était avant la mutilation de 1842.

A 250 m. env. au N.-E. du mausolée, dans la direction de Teboursouk, vestiges d'une *porte monumentale*. Les fragments qui jonchent le sol indiquent qu'elle était d'une très riche décoration. Elle date du règne de Septime Sévère. — Au-dessus du mausolée et à l'O. de cette porte, M. Poinssot a mis au jour une grande et luxueuse *villa* décorée de mosaïques nombreuses. — Près de là a été trouvée, dans des thermes, la belle mosaïque des Cyclopes (au Musée Alaoui).

Au S.-O. du temple du Capitole, et très en contre-bas, édifice antique, dit *Dar-el-Acheb*, dont il reste la porte et une partie de la façade, qui était décorée de pilastres; c'était peut-être un marché. Des fouilles entreprises entre cet édifice et le temple n'ont mis à jour que quelques habitations privées, dont les murs subsistent sur 2 à 3 m. de haut. — Plus loin, dans la même direction, se trouvent des restes de thermes (pans de murs en moellons) et de grandes citernes.]

Du temple du Capitole on se dirigera au N.-O. (en passant auprès d'un marabout pour la construction duquel ont été utilisés des débris antiques) vers un beau bois d'oliviers, au milieu desquels a été déblayé, par M. Pradère, le **temple de Cœlestis** (la *déesse Céleste, Tanit* des Carthaginois et *Junon* des Romains), construit sous Alexandre Sévère par un citoyen de Thugga, dont il ne reste plus que le soubassement et quelques colonnes. Il se dressait au milieu d'une cour en hémicycle, que bordait un portique à colonnes corinthiennes.

En remontant au N.-E. au travers des oliviers, on rencontre d'abord de *grandes citernes*, consistant en cinq réservoirs parallèles de 34 m. de longueur, qui étaient le point d'arrivée de l'aqueduc signalé ci-dessous. — Un peu plus loin, toujours dans les oliviers, s'aperçoit l'arcade de **Bab-er-Roumia** (la porte de la chrétienne). Le haut de cette porte manque, ainsi que les colonnes qui, de chaque côté, précédaient les pilastres; des niches pour des statues sont pratiquées entre ces pilastres. Cet édifice a été construit vers le début du IIIᵉ s. de notre ère. — A 150 m. au N. de Bab-er-Roumia se trouvent d'autres *grandes citernes*, qui offrent sept chambres parallèles de 35 m. de longueur sur 5 de largeur.

En suivant la crête de la colline vers l'E., on arrive au **temple de Saturne**, bâti sur une plate-forme, qui couronne une sorte d'éperon que forme en cet endroit la colline (panorama étendu). Il est fort détruit, mais ses dispositions sont intéressantes; MM. Carton et Denis l'ont fouillé. Il consiste en une grande cour, entourée de portiques, que précédait un vestibule à colonnes et au fond de laquelle (à l'O.) s'élevaient 3 salles avec des niches semi-circulaires. Ce monument fut construit par un particulier, en 195 de notre ère. — Près de ce temple, petite *église chrétienne* avec une crypte, découverte par M. Poinssot.

[Si, de là, l'on se dirige vers le N.-O., le long de la crête, on rencontre des murs appartenant peut-être à une citadelle punique ou numide (gros blocs équarris à la masse) et d'autres murs qui faisaient partie d'une enceinte byzantine. Cette dernière allait rejoindre le temple du Capitole. — Au delà, au N.-O., s'étend un *cimetière*, où l'on trouve des tombeaux indigènes ressemblant aux dolmens d'Europe. Plus loin, toujours dans la même direction, on remarquera les traces d'un temple qui s'élevait au fond d'une cour quadrangulaire ainsi que celles d'un cirque; d'autres dolmens se voient au delà du cirque, au N.

A 2 k. O. de Dougga, au lieu dit *El-Bouïa*, petit temple ou mausolée

Cliché de M. J . Valensi.

Temple du Capitole à Dougga.

dont le mur O. s'élève encore à plus de 8 m. — A 5 k. dans la même direction, à *Henchir Gattousi*, grandes citernes dont le plafond était soutenu par 9 rangées de piliers. — Sur l'Oued Gattousi, et plus au S.-O., au ravin d'El-Amri et à la traversée de l'Oued Mélah, restes intéressants de l'**aqueduc de Dougga**; cet ouvrage était tantôt souterrain, tantôt porté sur des arcades d'une belle construction; on peut le suivre (regards très reconnaissables) jusqu'à son origine à (8 k. O. env.) l'*Aïn-el-Hammam* (barrage antique).]

9° Kairouan.

ligne de Sousse, 193 k. en 7 h. à 7 h. 30 pour 21 fr. 70, 16 fr. 50 et 11 fr. 65 (all. et ret. valable 4 j. 30 fr. 25, 22 fr. 95 et 16 fr. 25); changement de train à Kalaa-Srira (buffet) et à Aïn-Ghrasésia.

de 156 k. env. seulement (route de Sousse jusqu'à Enfidaville, puis prendre à dr.). — Un automobile de Tunis à Kairouan et retour coûtera de 160 à 250 fr., plus la nourriture et le logement, s'il y a lieu, du chauffeur. — Pour les excursions collectives en automobile, s'informer (notamment à l'*Agence Lubin*, av. de France, 5).

Excursion recommandée, qui demande, si l'on se borne à Kairouan, 1 j. ou 1 j. 1/2 en automobile et 2 j. ou 2 j. 1/2 en ch. de fer. Les touristes disposant de leur temps feront bien d'y consacrer 1 j. ou 2 j. de plus et de la compléter par la visite de Sousse et du Sahel, en poussant jusqu'à El-Djem (*V.* le Guide *Algérie et Tunisie*).

29 k. de Tunis à Fondouk-Djedid (*V.* p. 44 et 46). — 34 k. *Le Khanguet*. A dr., route sur (16 k.) Crétéville (*V.* p. 45).

39 k. **Grombalia** (hôt. modeste), centre europ.; ch.-l. d'un contrôle civil de 90,000 hab. A dr., route sur (18 k.) Crétéville (*V.* p. 45). — 47 k. *Bou-Arkoub*.

Le terrain devient accidenté et broussailleux. On franchit le dos de pays entre les deux versants du cap Bon.

60 k. **Bir-bou-Rekba** (buvette), ⨉ sur Hammamet et Nabeul, à g.

[A 800 m. à g. de la station, ruines de *Kasr-ez-Zit*, l'anc. *Siagu* : thermes, aqueduc, citadelle byzantine, grande basilique chrétienne précédée d'une cour carrée qu'entouraient des colonnades; derrière le chevet, baptistère octogonal avec des fonts baptismaux de même forme.]

Passé Bir-bou-Rekba, on découvre à g. Hammamet, à dr. le Dj. Zaghouan. Auprès du rivage, que suit à peu de distance la route de terre, grand mausolée antique, rond sur un soubassement carré, auquel les Arabes donnent le nom de *Ksar-Menara* (château du phare), qui rappelle le tombeau de Cæcilia Metella sur la voie Appienne; ce monument, d'un diamètre de 14 m. et haut de 10 m., a perdu son couronnement; il renferme une chambre voûtée.

79 k. *Bou-Ficha*, stat. du v. europ. de *Reyville*, sur la g. (vignobles). — La voie va courir, pendant 40 k. env., sur le domaine de l'Enfida, propriété de la Société franco-africaine qui l'acheta vers 1879 du ministre tunisien Khéreddine; les difficultés suscitées à la Société par le gouvernement beylical ne furent pas étrangères à notre intervention en Tunisie. La superficie du domaine approche de 100,000 hect.

La région, qui faisait partie de la Byzacène et qui était très peuplée dans l'antiquité, abonde en ruines de l'époque romaine. — Le rivage de la mer est bordé de sebkhas qui s'allongent en lagunes sur plus de 30 k.

87 k. *Aïn-Hallouf*.

[A 2 k. N.-O., kouba de *Sidi-Khalifa* et *Henchir Fradis*, sur l'emplacement de l'antique *Aphrodisium*, dont subsistent des ruines assez intéressantes : arc de triomphe; temple, dont il ne reste que le soubassement; forteresse rectangulaire; restes d'une église et d'un amphithéâtre, etc.]

100 k. **Enfidaville** ou **Dar-el-Bey** (buvette: *Grand-Hôtel*), v. europ. qui est le centre de l'administration de la Société franco-africaine. — Dans l'église, nombreuses *mosaïques* tombales provenant de fouilles faites aux environs.

ûtera
chauf-
otam-

a, 1 j.
ristes
et de
-Djem

k. *Le*

con-
le (*V.*

e dos

beul,

ermes,
d'une
tistère

dr. le
ce la
ement
âteau
voie
10 m.,

vigno-
ine de
a vers
s à la
ères à
roche

it très
naine.
ent en

mplace-
intéres-
ement;
tc.]

tel), v.
franco-
prove-

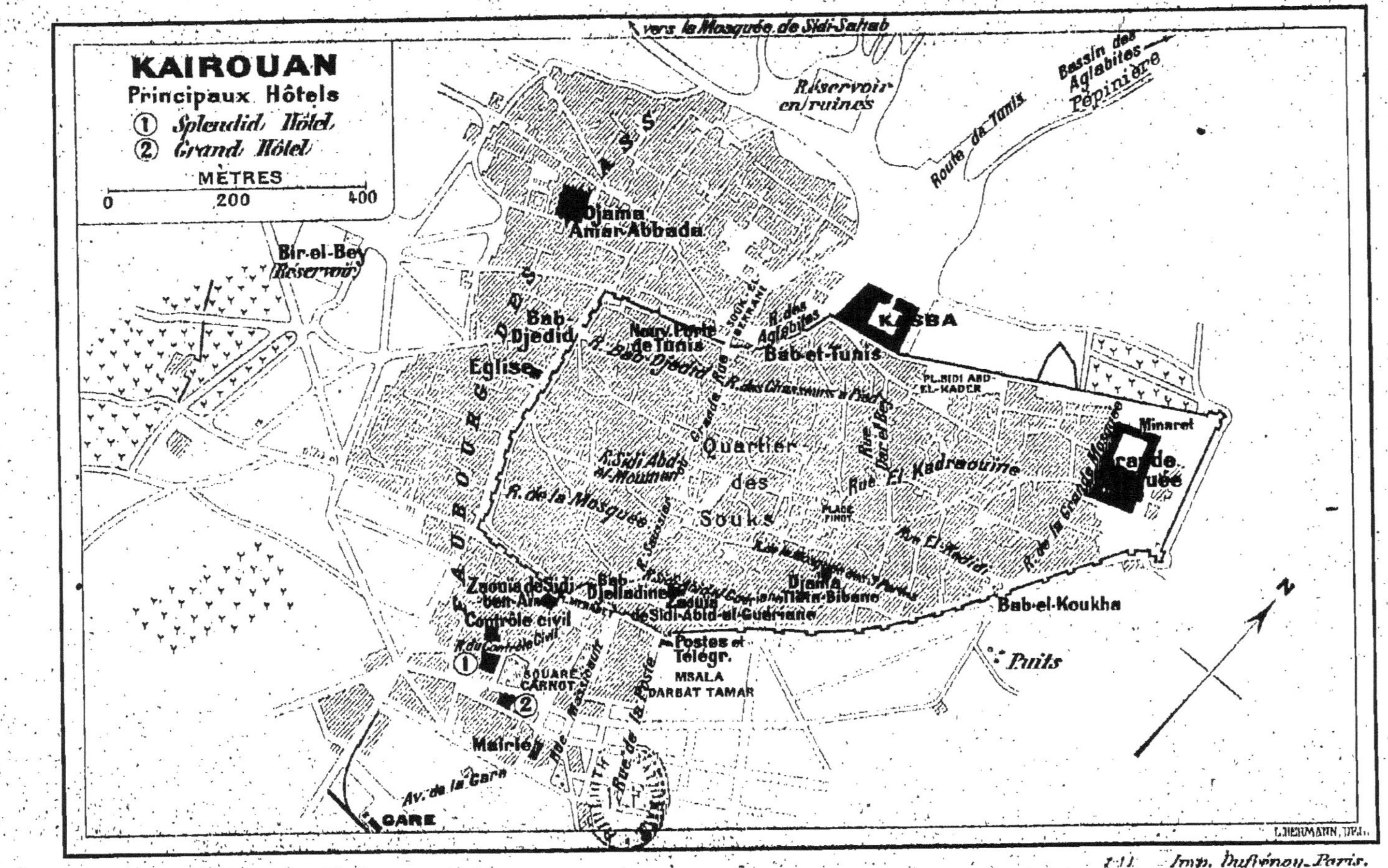

KAIROUAN
Principaux Hôtels
1 Splendid Hôtel
2 Grand Hôtel
MÈTRES
0   200   400
vers la Mosquée de Sidi-Sahab
Réservoir en ruines
Bassin des Aglabites
Pépinière
Route de Tunis
Djama Amar-Abbada
Bir-el-Bey Réservoir
Bab-Djedid
Eglise
FAUBOURG
Noury Porte de Tunis
R. du Souk-el-Bettran
R. des Aglabites
KASBA
Bab-et-Tunis
PL. SIDI ABD-EL-KADER
R. Bab-Djedid
R. des Charrons à Pied
Quartier des Souks
R. Sidi Abd's el-Moumen
R. de la Mosquee
Rue El-Kadraouine
Rue Bab el Bey
Minaret
Grande Mosquée
R. de la Grande Mosquée
PLACE TINSY
Rue El-Khadri
Zaouia de Sidi ben-Ain
Bab Djelladine Zaouia de Sidi-Abd-el-Guériane
Djama Tlata-Bibans
Bab-el-Koukha
Contrôle civil
R. du Contrôle Civil
Postes et Télégr.
MSALA DARBAT TAMAR
Puits
SQUARE CARNOT
Mairie
Av. de la Gare
GARE
Rue de la Poste
N
L. HERMANN, IMP.
1:11   Imp. Dufrénoy, Paris.

[A 6 k. O. (🚲 jusqu'au pied de l'escarpement; promenade intéressante), v. indigène très curieux de *Takrouna*, perché sur un rocher abrupt.]

A Enfidaville, les automobilistes prendront à dr., par une route qui s'écarte de la voie ferrée et se dirige directement sur Kairouan (59 k. env. d'Enfidaville à Kairouan).

114 k. *Menzel Dar-bel-Ouar.* Près de la station, à dr., ruines romaines et d'une époque postérieure.

123 k. *Sidi-bou-Ali.* — Vergers et olivettes au travers desquels se voit le village à 2 k. sur la g. Le caractère du pays change; ce sont maintenant des collines et les masses d'oliviers deviennent de plus en plus nombreuses et rapprochées, encadrant de gros villages; on est dans le *Sahel de Sousse*, région analogue à celle de Soliman et de Menzel-bou-Zalfa (*V.* p. 46).

137 k. *Kalaa-Kebira.* Le b. de ce nom (6.500 hab.) est à dr. et en arrière de la station. — A g., en avant, c'est *Akouda*, qui a 4,000 hab., et plus loin, sur la g. également, *Hammam-Sousse*, qui en a 3,000. — Olivettes magnifiques; huileries dans tous les villages.

143 k. Kalaa-Srira ⑧, ✗ sur Sousse, à g., b. de 3,000 hab. — On appuie à dr. La voie remonte la vallée de l'*Oued Laya* au travers d'olivettes largement clairiérées, dont l'importance diminue progressivement. — **148 k.** *Réservoir.*

151 k. *Oued-Laya.* Les olivettes cessent; pays sans arbres et désert. — **163 k.** *Kroussia-Sahali.* On passe le *col d'El-Onk* (100 m.) et on débouche sur un immense et triste plateau entièrement découvert; céréales et friches.

172 k. *Sidi-el-Hani* (casernement d'artillerie). — Sur la g., immense *sebkha*, s'étendant sur 34 k. du N.-O. au S.-E., de ce point à El-Djem.

184 k. Aïn-Ghrasésia, ✗ sur Henchir Souatir et Metlaoui, à dr. Plantations de cactus.

Kairouan apparaît de façon saisissante (sur la dr., en direct. N.-O.), isolé au milieu d'une plaine sans arbres ni habitations. Cette plaine est sujette aux redoutables et fugitives inondations de l'*Oued Zeroud* et de l'*Oued Merguellil*; aussi les ponts de la ligne sont-ils doublés de longs cassis-déversoirs, sur lesquels la voie est établie de façon à être submergée sans dommage.

193 k. KAIROUAN (hôt. : *de France*; *Splendid*; modestes), V. de 18,000 hab., ch.-l. d'un contrôle civil de 110,000 hab., est situé à 60 m. d'alt., dans une région de caractère à demi désertique, d'aspect parfois grandiose, mais monotone. Les environs sont sans intérêt. Quant à la ville même, on peut, à la rigueur, en se bornant aux deux mosquées de Sidi-Okba et du Barbier, la visiter en quelques heures; mais on fera mieux d'y consacrer une journée entière. — Un permis de visite délivré par le contrôle civil est indispensable pour pénétrer dans les mosquées (s'adresser à l'hôtel, où l'on obtiendra cette pièce sans formalités; gratuit).

Principales curiosités : — mosquée de Sidi-Okba (p. 61); — mosquée du Barbier (p. 63); — ZAOUIA DE SIDI-ABID-EL GUÉRIANE (p. 60); — MOSQUÉE TLÉTA-BIBANE (p. 61); — SOUKS (p. 61) — PORTES (p. 60, 61 et 62).

Histoire. — Kairouan date de la conquête musulmane ; ce fut l'établissement créé, dès sa première incursion, par le propagateur de l'islamisme en Afrique, Okba-ben-Nafi (50 hég., 671 de J.-C.). Au ix° s., avec les Aglabites, Kairouan devint capitale ; dépossédée par Tunis de la suprématie politique, la ville a gardé intacte jusqu'à nos jours la suprématie religieuse ; c'est la cité sainte du Maghreb oriental, visitée par de nombreux pèlerins. Son occupation fut effectuée sans résistance en octobre 1881.

ITINÉRAIRE. — En sortant de la gare, on se trouve à l'entrée du *quartier européen*, où sont les hôtels et le contrôle civil. La ville indigène est située au delà vers le N.-O.

Cette ville indigène, que ne dépare aucune percée moderne, se compose de deux parties : la *ville* proprement dite, parallélogramme irrégulier entouré d'une enceinte crénelée en médiocre état que flanquent des contreforts ou de petites tours rondes ; le *faubourg des Zlass*, à peu près aussi vaste, qui s'étend à l'O. et au N.-O. — Les rues forment un dédale où l'on aurait quelque peine à se retrouver sans aide. Le touriste prendra toujours pour point de repère l'ancienne **Grande-Rue** ou *Zankat-Touïla*, qui porte maintenant le nom de **rue Saussier**, où se concentre toute l'activité de Kairouan et qui débouche sur le quartier européen par Bab-Djelladine (*V.* ci-dessous). Il sera commode de se pourvoir d'un guide ; beaucoup de jeunes indigènes savent assez de français pour remplir cet office, et offrent leurs services à la porte des hôtels ou dans les rues ; ceux que recommandent les maîtres d'hôtel sont en général les meilleurs. Il y a quelques voitures de place (s'adresser à l'hôtel). On circulera plus librement dans les mosquées si l'on a la précaution de se munir de babouches.

On accède du quartier européen à la ville indigène par la *porte des peaussiers* ou *Bab-Djelladine* ; c'était autrefois une porte double dont les deux arcades étaient réunies par un couloir disposé perpendiculairement : l'arcade extérieure et le couloir ont été démolis ; l'arcade subsistante (à g.) est fort curieuse ; on y retrouve des matériaux antiques, notamment deux beaux chapiteaux byzantins ; à dr., baie moderne. — Sur la dr., à l'extérieur de l'enceinte, se trouvent les *Postes et Télégraphes*. Tout à côté, on remarquera le vaste enclos dit *Msala Darbat Tamar*, dont le sous-sol est occupé par une citerne couverte, et qui sert de lieu de prière (mirhab dans le mur du S.-E.). — A g., également à l'extérieur, sur la *place Merabet*, magasin de vente de la *Société indigène des tapis de Kairouan* (prix marqués).

Bab-Djelladine ouvre sur la rue Saussier, où l'on s'engage. Dans la seconde ruelle à dr. se trouve la **zaouïa de Sidi-Abid-el-Guériane** : porte d'entrée d'un bon dessin ; beau plafond dans le vestibule ; cour fort élégante qu'entourent des galeries élevées d'un étage ; à g. de la cour, salle où se trouve le tombeau de Sidi-Abid, que couvre un admirable plafond affectant la forme d'une coupole carrée constituée par des assises en retrait. L'ensemble du monument peut dater du x° s. hég. (xvi°-xvii° s.), mais avec beaucoup de réfections postérieures (faïences généralement sans intérêt). Dans les bâtiments de la *médersa* annexe (derrière la salle ci-dessus), plusieurs beaux chapiteaux byzantins.

On reviendra ensuite à la rue Saussier; les mosquées qui l'avoisinent, *Djama-el-Bey*, *Djama-Barouta* (puits vénéré que les pieux musulmans prétendent en communication avec celui de Zem-Zem à la Mecque), *Djama-Abd-el-Melek*, ne valent pas d'être visitées; on tournera donc à dr. dans le **quartier des Souks**, où l'on s'engagera.

Les **Souks** de Kairouan, beaucoup moins importants que ceux de Tunis, sont cependant intéressants, la ville étant un centre assez actif de commerce et d'industrie. Pour deux catégories d'articles surtout, l'industrie kairouannaise est renommée : les *cuirs* et les *tapis*. Ces derniers méritent l'attention des touristes. Leur fabrication occupe environ 400 familles, qui emploient plus de 1.000 métiers. Ce sont les femmes qui les tissent à peu près exclusivement. Il n'est pas difficile de pénétrer dans l'un de ces ateliers domestiques (légères gratifications aux ouvrières). On aura intérêt, si l'on veut acheter des tapis, à s'adresser de préférence au magasin signalé plus haut près de Bab-Djelladine, où l'on aura des garanties de bonne fabrication et où l'on évitera tout marchandage.

Parvenu à l'extrémité des souks opposée à la rue Saussier, le touriste se trouve assez près de la **Djama-Tléta-Bibane**, la *mosquée des Trois-Portes*, dans la rue du même nom, un des édifices les plus anciens de Kairouan, dont la fondation remonte au IIIe s. de l'hég. (IXe-Xe s.). La façade, recouverte de pierres gravées (inscriptions coufiques), est fort curieuse : le portique, à trois baies, porte la trace d'influences byzantines (chapiteaux byzantins de types intéressants). La salle même de la mosquée et son minaret sont très simples.

De là, on pourra gagner l'enceinte et la suivre jusqu'à **Bab-el-Koukha**, la *porte de la Poterne*, qu'on appelle aussi **porte de Sousse**. C'est un ouvrage bien conservé du type à couloir (arcades élégantes, chapiteaux byzantins).

De Bab-el-Koukha, quelques minutes de marche conduiront, par la *rue de la Grande-Mosquée*, à la **Djama-Kebira** (*Grande-Mosquée*) ou **Djama-Sidi-Okba**, vaste quadrilatère de 125 m. env. sur 75 auquel donnent accès de nombreuses portes, dont deux principales; celle de l'E., dite *porte de Lella Rejana*, est précédée d'un beau *porche* carré orné de colonnes antiques en matériaux de choix, celle de l'O. (l'entrée usuelle) donne accès à une *cour* de dimensions monumentales, pavée de dalles de marbre blanc et entourée de doubles galeries supportées par des colonnes que renforcent des piliers. Au milieu de la face N. s'élève un *minaret* massif, de forme carrée; sous la cour sont des citernes. Tout le long de la face S., de hautes portes s'ouvrent sur la *salle de prière*. — L'édifice actuel n'est pas celui qu'avait primitivement construit Sidi-Okba. Sur le même emplacement furent successivement élevées et détruites plusieurs mosquées. Celle qui subsiste serait la cinquième et daterait des Aglabites et du IIIe s. de l'hég. (XIe s.).

L'intérieur, plus large que long (env. 40 m. sur 75) et du type classique des mosquées malékites, offre une série de nefs à arcades retombant sur des colonnes (17 galeries de 8 travées, celle du centre plus large ainsi que la dernière travée); des coupoles s'élèvent sur les 2 travées extrêmes de la nef centrale, dans le prolongement de laquelle se voit la niche du *mirhab*. Tout cet ensemble a fort grand air.

Les matériaux employés ont été empruntés à des édifices antiques, romains ou byzantins; aussi est-ce un véritable musée de colonnes et de chapiteaux, des provenances (pour une bonne partie probablement de Sousse, l'anc. Hadrumète, et même de Carthage) et des échantillons les plus divers, que les curieux d'archéologie devront examiner dans le détail. Certaines pièces sont de toute beauté, notamment 2 *fûts monolithes* de porphyre rouge qui soutiennent la dernière arcade de la travée centrale.

Le mobilier et la décoration sont, en revanche, d'art oriental. On remarquera d'abord les *boiseries des portes* s'ouvrant sur la galerie, déparées

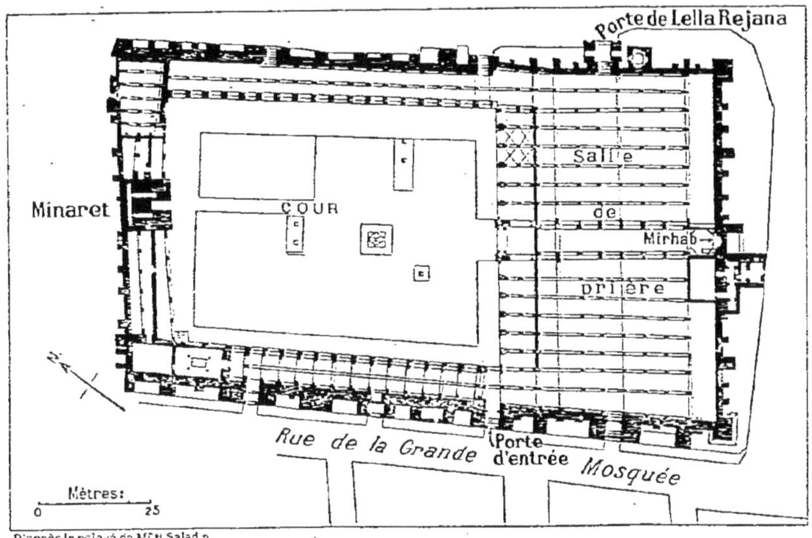

GRANDE-MOSQUÉE DE KAIROUAN

d'ailleurs par de considérables restaurations. A l'int., certains *plafonds* ont conservé à peu près intacts leurs stucs et leurs peintures (se faire montrer ces plafonds anciens; ceux des trois nefs centrales ont été refaits en ciment, et bon nombre d'autres en lambris de bois blanc); à l'encadrement du mirhab, il y a quelques belles *faïences* à reflets métalliques, du genre hispano-arabe. Mais la pièce capitale est le **minbar** ou chaire à prêcher (à dr. du mirhab), magnifique ouvrage du XIe s. en panneaux de bois sculpté; tout à côté et à dr. est une *clôture* ou *maksoura* (IXe s.) aussi en boiseries, moins intéressantes, quoique d'un très bon style; dans la maksoura, *porte* à encadrement sculpté donnant accès à la *bibliothèque* (ne se visite pas).

L'ascension du minaret, haut de 35 m., est recommandable : d'une 1re terrasse, bonne vue d'ensemble des constructions de la mosquée; de la 2e, magnifique *panorama*.

Au voisinage de la Grande-Mosquée sont deux zaouïas, l'une et l'autre assez peu intéressantes, *Si-Mohammed-el-Aouani* et *Sidi-Abd-el-Kader-el-Djilani*, cette dernière tout contre l'enceinte. En suivant celle-ci dans la direction de l'O., on passe devant la *Kasba* (utilisée comme caserne; rien à voir), puis on atteint la **porte de Tunis,** où aboutit la rue Saussier. Cette porte est à couloir et ses deux issues sont de bonne construction et ornées de chapiteaux antiques. Le couloir intermédiaire, assez développé, est bordé d'échoppes. A g., baie spacieuse, pratiquée dans la muraille pour la commodité de la circulation. Au dehors de la porte de Tunis s'étend un vaste espace découvert, dit *Souk-el-Berrani* ou *marché des étrangers*, emplacement favori des charmeurs de serpents et des danseurs nègres (à

Grande-Mosquée de Kairouan.

dr., au n° 50, fondouk avec des chapiteaux byzantins); là s'amorce la route de Tunis par Enfidaville signalée p. 59.

En suivant cette route, et après avoir laissé à g., un grand bassin en ruine, on arrive au bassin des **Aglabites**, réservoir à ciel ouvert de forme polygonale (128 m. de diamètre) que l'administration des Travaux publics a restauré afin d'y emmagasiner le trop-plein des eaux amenées de Chérichera (30 k. S.-O.) pour l'alimentation de Kairouan; à côté, autre réservoir plus petit de même forme (33 m. de diamètre). Tout auprès a été installée une *pépinière*.

Du bassin des Aglabites (ou de la porte de Tunis si l'on néglige ce dernier ouvrage), il faut moins de 15 min. pour gagner (1 k. N.-O.) la **mosquée de Sidi-Sahab**, dite **du Barbier**, lieu de sépulture d'un des compagnons (en arabe *sahab*) du Prophète, qui portait toujours sur lui trois poils de la barbe de son maître.

La porte d'entrée donne accès à une grande cour, à l'un des angles de laquelle s'élève un élégant *minaret* (du sommet, belle vue) et sur laquelle s'ouvrent deux portes, l'une sous un porche à dr. du minaret, l'autre dans le mur de g. — En prenant par cette dernière, on pénètre dans une cour à colonnade d'agréables proportions (quelques beaux chapiteaux byzantins; s'ouvrant sur la galerie en face de l'entrée, salle de prière fort simple qui dépend d'une école ou *médersa* annexée à la mosquée). — De cette cour un escalier de quelques marches (à dr.) conduit à un *vestibule* sous coupole (beaux stucs; faïences), qui précède une autre cour à colonnade d'un charmant aspect; on remarquera les plafonds de bois en caissons de l'une des galeries, ainsi que les stucs de la frise (restaurés il y a quelques années); faïences assez peu anciennes, mais formant un ensemble agréable. Dans la galerie en face de l'entrée, *porte* de marbre de travail italien s'ouvrant sur une salle carrée couverte en coupole (sauf quelques panneaux, faïences modernes des plus médiocres), qui renferme le tombeau de Sidi-Sahab.

Du vestibule ci-dessus, une seconde porte débouche sur une sorte de couloir à colonnade (faïences). A l'extrémité opposée de ce couloir, un autre *vestibule* en contre-bas, couvert d'un joli plafond et orné de quelques beaux panneaux de faïences, précède la porte sous porche signalée plus haut à dr. du minaret, par laquelle on regagnera la cour d'entrée.

Toutes ces constructions sont de date assez récente (du xviie, du xviiie et même du xixe s.).

Le retour au quartier européen s'effectuera par le faubourg des Zlass (*V.* p. 60). Sur la route, on pourra visiter la *Djama-Amar-Abbada*, dite la *mosquée des Sabres*, ensemble de bâtisses à multiples coupoles édifiées au cours du xixe s. par un marabout qui était en même temps forgeron, ainsi qu'en témoignent les sabres et autres travaux en métal conservés auprès de son tombeau.

De là, on gagnera la *porte Neuve* ou *Bab-Djedid*, construction récente assez élégante, d'où l'on aura le choix entre deux itinéraires : ou longer la muraille par l'extérieur, ou rejoindre la rue Saussier par l'une des deux rues qui aboutissent à la porte.

Les *Aïssaoua* ont une zaouïa à Kairouan (hors de l'enceinte, entre le quartier européen et Bab-Djelladine). Il y a des exercices publics les vendredis à 5 h. (rétribution de quotité facultative au directeur). Les touristes friands de ce genre de spectacle (peu recommandé aux tempéraments délicats) pourront faire organiser des séances extraordinaires un jour quelconque (s'adresser aux maîtres d'hôtel; 30 fr.).

Les *cafés-chantants* indigènes, juifs ou arabes, sont aux environs de la porte de Tunis.

[**Environs.** — Au matin ou au soir, on a, des mamelons qui jalonnent l'extérieur de la ville, depuis la porte de Tunis jusqu'à *Bir-el-Bey* (réservoir en médiocre état à l'O. du faubourg des Zlass), et qui ne sont que des amas d'immondices accumulés depuis des siècles, des vues magnifiques sur la plaine et l'horizon de hauteurs du N. au S.-O. — Promenades également recommandables dans les *cimetières* qui entourent la ville au S.-O. Des points un peu élevés, on a les mêmes vues que ci-dessus, complétées par le panorama de Kairouan. Ces nécropoles sont riches en inscriptions; les plus anciennes se voient dans la cour d'une pauvre mosquée, la *Djama-Taoufik*.]

Agence Lubin, *boul. Haussmann,* *56, Paris.* (Voir p. 43).	**Compagnie de Navigation mixte.** (Voir p. 46).
Compagnie des Messageries Maritimes. (Voir p. 45).	**Compagnie Marseillaise de Navigation Fraissinet et Cⁱᵉ.** (Voir p. 46).
Compagnie Générale Transatlantique. (Voir p. 47).	**Compagnie de Navigation Marocaine et Arménienne Paquet et Cⁱᵉ** (Voir p. 47).

Montdidier.
Monte-Carlo.
Montélimar.
Montereau.
Montluçon.
Montpellier.
Montreuil-s.-M.
Montrichard.
Moret-s.-Loing.
Morez-du-Jura.
Morlaix.
Moulins.
Moutiers.
Nancy.
Nantes.
Nantua.
Narbonne.
Nemours.
Nevers.
Nice.
Nîmes.
Niort.
Nogent-l-Rotrou.
Noyon.
Nuits-St-Georges
Oloron-Sainte-Marie.
Orléans.
Orthez.
Oyonnax.
Pamiers.
Parthenay.
Pau.
Périgueux.
Péronne.
Perpignan
Pertuis.
Pézenas.
Pithiviers.
Poitiers.
Pons.
Pont-à-Mousson
Pont-Audemer.

Pont-de-Beauvoisin.
Pontivy.
Pont-l'Evêque.
Pontoise.
Provins.
Puy (Le).
Quesnoy (Le).
Quimper.
Quimperlé.
Redon
Reims.
Remiremont.
Rennes.
Rethel.
Revel.
Riom.
Rive-de-Gier.
Roanne.
Rochefort-s-Mer
Rochelle (La).
Roche-sur-Yon (La).
Rodez.
Romans.
Romilly-s-Seine.
Romorantin.
Roubaix.
Rouen.
Royan.
Rueil
Ruffec.
Saint-Affrique.
Saint-Amand.
Saint-Brieuc.
Saint-Chamond.
Saint-Claude.
Saint-Cloud.
Saint-Dié.
Saint-Dizier.
Saint-Etienne.
Saint-Flour.

Sainte-Foy-la-Grande.
Saintes.
Saint-Gaudens.
Saint-Germain-en-Laye.
Saint-Girons.
Saint-Jean-d'Angély.
St-Jean-de-Luz
Saint-Lô.
Saint-Loup-s.-Semouse.
Saint-Malo.
Saint-Nazaire.
Saint-Omer.
Saint-Quentin.
Saint-Remy-de-Provence.
Saint-Servan.
Salies-de-Béarn
Salins-du-Jura.
Salon.
Sancoins.
Sarlat.
Saumur.
Sedan.
Semur.
Senlis.
Senones.
Sens.
Sézanne.
Sèvres.
Soissons.
Souillac.
Tarare.
Tarascon.
Tarbes.
Terrasson.
Thiers.
Thizy.
Thonon-l.-Bains.
Thouars.

Tonneins.
Tonnerre.
Toul.
Toulon.
Toulouse.
Tourcoing.
Tournus.
Tours.
Troyes.
Tulle.
Tullins.
Uzès.
Valence.
Valence-d'Agen
Valenciennes.
Valognes.
Valréas.
Vals-les-Bains.
Vannes.
Vendôme.
Verneuil-s-Avre
Vernon.
Versailles.
Vervins.
Vesoul.
Vichy.
Vienne.
Vierzon.
Villedieu-les-Poëles.
Villefranche-de-Rouergue.
Villefranche-s.-Saône.
Villeneuve-s-Lot
Villeneuve-s-Yonne.
Villers-Cotterets
Vitré.
Volron.
Vouziers.
Yvetot.

AGENCES A L'ÉTRANGER

Londres, Old Broad Street, 53 ; Bureau de West End, 65, 67, Regent Street, et St-Sébastien (Espagne) 15, rue Miramar.

La Société a, en outre, 90 Succursales, Agences et Bureaux à Paris et dans la Banlieue, 747 Bureaux auxiliaires rattachés aux agences et des Correspondants sur toutes les places de France et de l'Etranger.

Corespondants en Belgique et Hollande : Société Française de Banque et de Dépôts, Bruxelles, 70, rue Royale. — Anvers, 74, place de Meir : — Ostende, avenue Léopold ; —Rotterdam, 103, Leuvehaven.

OPÉRATIONS de la SOCIÉTÉ GÉNÉRALE :

Dépôts de fonds à intérêts en compte ou à échéance fixe (taux des dépôts de 1 an à 2 ans, 2 0/0 ; de 4 ans à 5 ans, 3 0/0, net d'impôt et de timbre); Ordres de Bourse France et Etranger) : Souscriptions sans frais ; Vente aux * guichets de valeurs livrées immédiatement (obligations de chemins de fer, obligations et Bons a lots, etc.) Escompte et Encaissement de coupons français et étrangers; Mise en règle de titres ; Avances sur titres ; Escompte et Encaissement d'effets de commerce ; Garde de titres ; Garantie contre le remboursement au pair et les risques de non-vérification des tirages ; Virements et chèques sur la France et l'Etranger ; Lettres de crédit et Billets de crédit circulaires ; Change de monnaies étrangères ; Assurances (vie, incendie, accidents), etc.

Service de coffres-forts et de compartiments de coffres-forts au Siège social, dans les succursales, et dans un très grand nombre d'agences de Paris et de Province, depuis 5 fr. par mois ; tarif decroissant en proportion de la durée et de la dimension. — (Demander les notices spéciales à tous les guichets de la Société.)

(*) Les agences marquées d'un astérisque sont pourvues d'un service de coffres-forts.

Type B*

CRÉDIT LYONNAIS

AGENCES EN FRANCE ET EN ALGÉRIE

Abbeville.	Castres.	Lons-le Saunier.	Rochelle (La).
Agen.	Caudry.	Lorient.	Rodez.
Aix-en-Provence.	Cette.	Louhans.	Romans.
Aix-les-Bains.	Chalon-sur-Saône.	Lunel.	Roubaix.
Alais.	Chambéry.	Lunéville.	Rouen.
Albi.	Charleville.	Lure.	Saint-Brieuc.
Alençon.	Chartres.	Mâcon.	Saint-Chamond.
Alger (Algérie).	Châtellerault.	Mans (Le).	Saint-Claude.
Amiens.	Châtillon-sur-Seine.	Marseille.	Saint-Dié.
Angers.	Chauny.	Maubeuge.	Saint-Dizier.
Angoulême.	Cherbourg.	Mazamet.	Saint-Etienne.
Annecy.	Cholet.	Menton.	St-Germain-en-Laye.
Annonay.	Clermont-Ferrand.	Montauban.	Saint-Omer.
Antibes.	Cognac.	Montbéliard.	Saint-Quentin.
Arles.	Compiègne.	Mont-de-Marsan.	Saintes.
Armentières.	Constantine (Algérie).	Monte-Carlo ('Terri-	Salon.
Arras.	Cosne sur-Loire.	toire français).	Saumur.
Auch.	Creusot (Le).	Montélimar.	Sedan.
Autun.	Dax	Montluçon.	Sens.
Auxerre.	Dieppe	Montpellier.	Sidi-bel-Abbès (Algérie).
Avignon.	Dijon.	Moulins.	Soissons.
Bar-le-Duc.	Dôle.	Nancy.	Tarare.
Bayonne.	Douai.	Nantes.	Tarbes.
Beaucaire.	Draguignan.	Narbonne.	Thiers.
Beaulieu.	Dunkerque.	Nevers.	Thizy.
Beaune.	Elbeuf.	Nice.	Toulon.
Beauvais.	Epernay.	Nîmes.	Toulouse.
Belfort.	Epinal.	Niort.	Tourcoing.
Belleville-sur-Saône.	Evreux.	Oran (Algérie).	Tours.
Besançon.	Fécamp.	Orange.	Trouville.
Béziers.	Firminy.	Orléans.	Troyes.
Biarritz.	Flers.	Paray-le-Monial.	Valence.
Blois.	Fourmies.	Pau.	Valenciennes.
Bône (Algérie).	Grasse.	Périgueux.	Vallauris.
Bordeaux.	Gray.	Perpignan.	Verdun.
Bourg.	Grenoble.	Philippeville (Algérie).	Versailles.
Bourges.	Guéret.	Poitiers.	Vesoul.
Bourgoin.	Havre (Le).	Pontarlier.	Vichy.
Brest.	Hyères.	Puy (Le).	Vienne (Isère).
Brives.	Issoire.	Reims.	Vierzon.
Caen.	Jarnac.	Remiremont.	Villefranche-s.-Saône
Cahors.	Laon.	Rennes.	Villeneuve-sur-Lot.
Calais-Saint-Pierre.	Laval.	Rethel.	Vitry-le-François.
Cambrai.	Libourne.	Riom.	Voiron.
Cannes.	Lille.	Rive-de-Gier.	
Carcassonne.	Limoges.	Roanne.	
Carpentras	Lisieux.	Rochefort-sur-Mer.	

AGENCES A L'ÉTRANGER

Alexandrie (Egypte).	Genève.	Moscou.	Smyrne.
Barcelone.	Jaffa	Odessa.	Valence (Espagne).
Bruxelles.	Jérusalem.	Port-Saïd.	
Caire (Le).	Londres	Saint-Pétersbourg.	
Constantinople.	Madrid.	Saint-Sébastien.	

Le Crédit Lyonnais fait toutes les opérations d'une maison de banque : dépôts d'argent remboursables à vue et à échéance ; dépôts de titres ; encaissements de coupons ; ordres de bourse ; souscriptions ; escompte de papier de commerce sur la France et l'Etranger ; chèques et lettres de crédit sur tous pays ; prêts sur titres français et étrangers ; achat et vente de monnaies, matières et billets étrangers.

Service spécial de location de COFFRES FORTS dans des conditions présentant toute garantie contre les risques d'incendie et de vol (compartiments depuis 5 francs par mois).

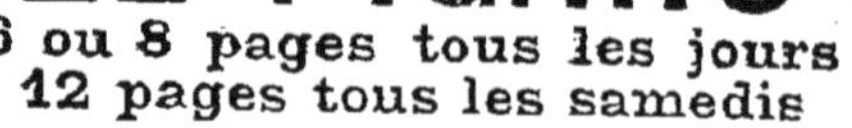

LE FIGARO

6 ou 8 pages tous les jours
12 pages tous les samedis

Le Numéro 10 centimes
DANS TOUTE LA FRANCE

DIRECTEUR :
GASTON CALMETTE

INFORMATIONS

LE FIGARO est outillé de manière à fournir sur chaque événement important, en France et à l'étranger, l'information la plus rapide, la plus complète, la plus sûre. Il a, depuis sa nouvelle direction, un service spécial de dépêches de la dernière heure qui lui sont envoyées de toutes les grandes capitales.

Ouvert à tous les partis, journal indépendant, frondeur, LE FIGARO est devenu la tribune la plus libre et la plus retentissante.

C'est le journal le plus répandu du monde entier.

CHAQUE SEMAINE

DESSINS D'ACTUALITÉ

FORAIN, Abel FAIVRE, A. GUILLAUME, DE LOSQUÈS

Supplément Littéraire
AVEC
UNE PAGE DE MUSIQUE INÉDITE
TOUS LES SAMEDIS

Five o'Clock

Pendant la saison d'hiver, LE FIGARO donne, dans son hôtel, des concerts auxquels sont invités, à tour de rôle, ses abonnés. Les abonnés des départements et de l'étranger, de passage à Paris, reçoivent aussi des invitations sur leur demande.

PUBLICITÉ

Les services de Publicité liés à la rédaction sont installés dans l'hôtel du FIGARO, 26, rue Drouot, PARIS
La publicité du FIGARO est la plus recherchée.

ABONNEMENTS

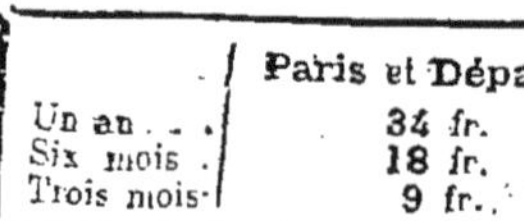

	Paris et Départem.	Étranger
Un an . . .	34 fr.	70 fr.
Six mois .	18 fr.	36 fr.
Trois mois	9 fr.	18 fr. 50

JOURNAL DES DÉBATS

Politiques et Littéraires

Grand journal quotidien

FONDÉ EN 1789

17, rue des Prêtres-Saint-Germain-l'Auxerrois, Paris (1er)

10 centimes le numéro

Principaux collaborateurs : MM. RENÉ BAZIN, PAUL BOURGET, FRANCIS CHARMES, sénateur ; PAUL DESCHANEL, député ; EMILE FAGUET, HENRY HOUSSAYE, ERNEST LAVISSE, JULES LEMAITRE, *membres de l'Académie française.*

MM. EDOUARD AYNARD, député ; PHILIPPE BERGER, J. BOURDEAU, EMILE BOUTMY, XAVIER CHARMES, HENRY JOLY, ANATOLE LEROY-BEAULIEU, PAUL LEROY-BEAULIEU, G. MASPERO, DE MOLINARI, GEORGES PERROT, *membres de l'In-stitut.*

MM. A. ALBALAT, JACQUES BARDOUX, HENRI BIDOU, PAUL BLUYSEN, ROBERT DE CAIX, HENRI CHANTAVOINE, JEAN-CHARLES ROUX, A. CHAUMEIX, EMILE COMBE, docteur DARRAS, MAURICE DEMAISON, JULES DIETZ, RENÉ DOUMIC, AUGUSTIN FILON, J.-H. FRANKLIN, H. GRENET, ANDRÉ HALLAYS, ADOLPHE JULLIEN, RAYMOND KOECHLIN, docteur MARCEL LABBÉ, ANATOLE LE BRAZ, CHARLES LEGRAS, JULES LEGRAS, ANDRÉ LIESSE, CHARLES MALO, ANDRÉ MICHEL, MAURICE MURET, EDOUARD PAYEN, ALBERT PETIT, ARTHUR RAFFALOVICH, H. DE RÉGNIER, E. RIPAULT, EDOUARD ROD, EUGÈNE ROSTAND, EDOUARD SARRADIN, CHRISTIAN SCHEFER, H. DE VARIGNY, H. WELSCHINGER, DANIEL ZOLLA, etc., etc.

ADRESSE TÉLÉGRAPHIQUE : **DÉBATS-PARIS**

TÉLÉPHONE : **Administration, 3088-03,
Rédaction, 3088-02. Informations, 3088-01.**

PRIX DE L'ABONNEMENT :

	TROIS MOIS	SIX MOIS	UN AN
France, Colonies et Alsace-Lorraine.	10 fr.	20 fr.	40 fr.
Union postale.	16 fr.	32 fr.	64 fr.

Les abonnements partent du 1er et du 16 de chaque mois

NOTA. — Le service du journal est fait gratuitement, pendant huit jours, sur demande affranchie adressée à l'administration du journal.

29ᵉ Année 8 pages Le Nᵒ 5 cent.

L'ÉCLAIREUR
DE NICE

JOURNAL RÉPUBLICAIN QUOTIDIEN
LE PLUS FORT TIRAGE DES journaux du Sud-Est.

Service télégraphique spécial, Paris — Nice et Marseille — Nice, Dernières nouvelles du monde entier.

L'Éclaireur est le mieux renseigné et le plus rapidement informé. Il est l'organe préféré de la colonie étrangère en villégiature sur la Côte d'Azur.

Salle de dépêches et de renseignements gratuits.

Avenue de la Gare, 27-29.

Annonces et publicité à la succursale de *l'Agence Havas*, rue Gioffredo, 62, à Nice.

CHEMINS DE FER
PARIS-LYON-MÉDITERRANÉE

L'HIVER A LA COTE D'AZUR
De PARIS à la COTE-D'AZUR en 13 heures

soit par le train extra-rapide de nuit qui part de Paris à 7 h. 20 du soir et arrive sur le Littoral le lendemain pour le déjeuner, soit par le train de jour *Côte-d'Azur rapide*.
Consulter les affiches ou les indications

FÊTES DE NICE

Fêtes de Noël et du Jour de l'an; Courses de Nice; Carnaval de Nice; Régates internationales de Cannes et de Nice et vacances de Pâques; des

BILLETS D'ALLER ET RETOUR DE 1re ET 2e CLASSES
délivrés pour Cannes, Nice, Monaco.Monte-Carlo, Menton,
par les gares désignées ci-après :
Paris, Belfort, Vesoul, Besançon, Gray, Nevers, Is-sur-Tille, Dijon, Genève, Clermont-Ferrand, Saint-Etienne, Lyon (Perrache et Brotteaux), Grenoble, Valence, Avignon, Cette, Nimes.
Les dates d'émission de ces billets sont annoncées au public par des affiches, quelques jours à l'avance.

La *validité* desdits billets est de 20 *jours* (dimanches et fêtes compris) à compter du jour du départ, avec faculté de prolongation de deux périodes de 10 jours, moyennant payement, pour chaque période, d'un supplément égal de 10 0/0 du prix du billet.

Les voyageurs peuvent s'arrêter, tant à l'aller qu'au retour, à deux gares de leur choix, à condition de faire viser leur billet dès l'arrivée à la gare d'arrêt.

STATIONS HIVERNALES

Nice, Cannes, Menton, Hyères, Saint-Raphaël, Grasse, etc.
Délivrés dans toutes les gares du réseau P.-L.-M.

1° — Billets d'aller et retour collectifs 1re, 2e et 3e classes
VALABLES 33 JOURS

Délivrés du **15 Octobre** au **15 Mai**, aux familles d'au moins trois personnes voyageant ensemble pour les stations hivernales suivantes : Cassis, La Ciotat, St-Cyr-la-Cadière, Bandol, Ollioules-Sanary, La Seyne-Tamaris-sur-Mer, Toulon, Hyères et toutes les gares situées entre Saint-Raphaël-Valescure, Grasse, Nice et Menton inclusivement. Minimum de parcours simple : 150 kilomètres.

2e — Billets d'aller et retour collectifs 2e et 3e classes
VALABLES JUSQU'AU 15 MAI

Délivrés du **1er Octobre** au **15 Novembre** aux familles composées d'au moins trois personnes voyageant ensemble pour Cassis et toutes les gares P.-L.-M. situées au delà. Le parcours simple doit être d'au moins 400 kilomètres.

Le coupon d'aller de ces billets n'est valable que du **1er Octobre** au **15 Novembre**.

Le prix des billets d'aller et retour collectifs indiqués ci-dessus s'obtient en ajoutant au prix de quatre billets simples ordinaires (pour les deux premières personnes), le prix d'un billet simple pour la troisième personne, la moitié de ce prix pour la quatrième et chacune des suivantes. — Arrêts facultatifs. — Demander les billets 4 jours au moins à l'avance, à la gare de départ.

Nota. — *Il est également délivré, dans les gares P.-L.-M., des billets d'aller et retour collectifs pour les stations hivernales des chemins de fer du sud de la France.*

Bains de Mer de la Méditerranée

Agay, Antibes, Bandol, Beaulieu, Cannes, Cassis, Cette, Golfe-Juan-Vallauris, Hyères, Juan-les-Pins, La Ciotat, La Seyne-Tamaris-sur-Mer, Le Grau du Roi, Menton, Monaco, Monte-Carlo, Montpellier, Nice, Ollioules-Sanary, Palavas, Saint-Cyr-La Cadière, Saint-Raphaël-Valescure, Toulon et Villefranche-sur-Mer.

BILLETS D'ALLER ET RETOUR
à prix très réduits

individuels ou collectifs de famille

DÉLIVRÉS DANS TOUTES LES GARES DU RÉSEAU P.-L.-M.

du 15 Mai au 1er Octobre

Validité : **33 jours**, avec faculté de prolongation (1).

1° Billets d'Aller et Retour individuels de Bains de Mer
1re, 2e et 3e classes

Minimum de parcours simple : 150 kilomètres.

Prix : Le prix des billets est calculé d'après la distance totale, aller et retour, résultant de l'itinéraire choisi et d'après un barème faisant ressortir des **réductions importantes**.

2° Billets d'Aller et Retour collectifs de Bains de Mer
1re, 2e et 3e classes pour Familles

Délivrés aux familles d'au moins deux personnes, voyageant ensemble

Minimum de parcours simple : 150 kilomètres.

Le prix s'obtient en ajoutant au prix de deux billets simples au tarif général (pour la première personne), le prix d'un billet simple pour la deuxième personne, la moitié de ce prix pour la troisième et chacune des suivantes.

Nota. — Les titulaires de billets de Bains de mer collectifs peuvent obtenir, conjointement avec ces billets ou sur la présentation de ceux-ci, des cartes d'abonnement d'un mois avec 50 0/0 de réduction sur le prix des abonnements ordinaires pour un parcours d'au plus 100 kilomètres comprenant la plage désignée sur le billet de bains de mer. Ces cartes d'abonnement peuvent être prises isolément par chacune des personnes nommément *désignées* sur le billet d'aller et retour collectif.

Arrêts facultatifs aux gares situées sur l'itinéraire

Demander les billets (individuels ou collectifs) quatre jours à l'avance à la gare de départ.

---

(1) La durée de validité peut être prolongée une ou plusieurs fois de 15 jours moyennant le payement, pour chaque prolongation, d'un supplément égal à 10 0/0 du prix du billet.

VILLES D'EAUX

DESSERVIES PAR LE RÉSEAU P.-L.-M.

Aix-les-Bains, Royat, Vichy, Évian-les-Bains, etc.

1° Billets d'aller et retour collectifs 1re, 2e et 3e classes
Valables **33** jours, avec faculté de prolongation

Délivrés, du **1er** mai au **15 octobre**, dans toutes les gares du réseau P.-L.-M., sous condition d'effectuer un parcours simple minimum de 150 kilomètres, aux familles d'au moins trois personnes voyageant ensemble.

PRIX : Ajouter au prix de quatre billets simples ordinaires (pour les deux premières personnes) le prix d'un billet simple pour la troisième personne, la moitié de ce prix pour la quatrième et chacune des suivantes.

2° Billets d'aller et retour individuels 1re, 2e et 3e classes
Valables **10** jours, avec faculté de prolongation

Délivrés, du 1er mai au 31 octobre, dans toutes les gares du réseau ; réduction : 25 0/0 en 1re classe, et 20 0/0 en 2e et 3e classes.

Arrêts facultatifs aux gares situées sur l'itinéraire

Demander les billets (collectifs ou individuels), quatre jours à l'avance, à la gare de départ.

Billets d'aller et retour collectifs

de Vacances à prix réduits

1re, 2e et 3e CLASSES

Délivrés, aux familles d'au moins trois personnes, de toutes gares P.-L.-M. à toutes gares P.-L.-M., sous condition d'effectuer un parcours simple minimum de 150 kilomètres ou de payer pour ce parcours :

1° Du jeudi qui précède la Fête des Rameaux, au Lundi de Pâques inclus.

Durée de validité : **33 jours** ; faculté de prolongation d'une ou plusieurs périodes de 15 jours, moyennant le payement, pour chaque prolongation, d'un supplément de 10 0/0 de la valeur du billet collectif.

2° Du 15 juin au 30 septembre. Validité : jusqu'au 5 novembre.

PRIX : Ajouter au prix de quatre billets simples (pour les deux premières personnes), le prix d'un billet simple pour la troisième personne, la moitié de ce prix pour la quatrième et chacune des suivantes.

Lorsqu'un billet de vacances comprend plus de trois voyageurs, trois d'entre eux au moins sont tenus de voyager ensemble à l'aller et au retour ; les autres ont la faculté, quand la demande du billet collectif en fait mention, de voyager isolément dans des conditions déterminées.

Arrêts facultatifs à toutes les gares de l'itinéraire.

Faire la demande de billets, quatre jours au moins à l'avance, à la gare de départ.

VOYAGES A PRIX RÉDUITS

Sur les Lignes du Sud-Ouest

BAINS DE MER DE L'OCÉAN

Billets de Bains de mer, valables 33 jours (non compris le jour du départ), délivrés du jeudi précédant la Fête des Rameaux au 33 octobre

1° BILLETS DE BAINS DE MER
AU DÉPART DE PARIS

De **PARIS** (Montparnasse St-Lazare ou Invalides) ou de **PARIS** (Quai d'Orsay, Pont St-Michel ou Austerlitz) par toute voie État via Chartres et Saumur ou via Chartres et Chinon ou par Tours transit) aux gares ci-après et retour	PRIX ALLER ET RETOUR					
	Section I sans faculté d'arrêt aux gares intermédiaires.			Section II §1 Faculté d'arrêt entre CHARTRES ou TOURS et la station balnéaire.		
	1re cl.	2e cl.	3e cl.	1re cl.	2e cl.	3e cl.
Royan	71 30	52 40	35 10	80 65	61 20	43 50
La Tremblade (Ronce-les-Bains)	74 25	54 20	39 »	83 80	63 30	44 55
Le Chapus	67 20	49 10	35 »	77 05	58 20	40 »
Le Chateau-Quai (île d'Oléron)	68 70	50 60	36 20	78 55	59 70	41 20
Marennes	65 25	48 35	34 50	76 10	57 50	39 45
Fouras	63 90	46 50	33 20	73 75	55 75	37 90
Chatelaillon	62 35	46 10	32 40	71 95	55 25	37 05
Angoulins-sur-Mer	61 60	45 70	32 15	71 35	54 75	36 70
La Rochelle (ville)	61 10	45 10	31 80	70 50	54 20	36 30
La Rochelle-Pallice (île de Ré)	61 95	45 75	32 20	71 50	54 95	36 80
L'Aiguillon-Port — Via Chantonnay-Transit	59 40	45 60	31 75	17 60	54 50	35 75
L'Aiguillon-Port — Via Luçon-Transit	61 35	45 95	32 25	70 60	55 95	36 65
La Tranche — Via Chantonnay-Transit	61 90	48 10	34 25	70 10	57 »	38 25
La Tranche — Via Luçon-Transit	63 85	48 45	34 75	72 90	56 45	39 15
Les Sables-d'Olonne	62 60	46 30	32 55	72 25	55 95	37 20
Saint-Hilaire-de-Riez (Sion)	64 30	46 10	32 40	74 20	56 70	37 05
Saint-Gilles-Croix-de-Vie (Sion)	64 55	46 55	32 70	74 50	57 30	37 35

De **PARIS-MONTPARNASSE, St-LAZARE ou INVALIDES** par Segré et Nantes-État transit, ou Angers St-Laud transit, et Nantes-Orléans transit, aux gares ci-après et retour.

§2 Faculté d'arrêt entre Sainte-Pazanne incl. et la station balnéaire.

	1re cl.	2e cl.	3e cl.	1re cl.	2e cl.	3e cl.
Challans (île de Noirmoutier, île d'Yeu, Saint-Jean-de-Monts)	63 85	44 55	31 35	71 35	50 65	35 35
Bourgneuf-en-Retz	58 50	42 90	30 10	66 50	46 90	34 10
Les Moutiers	58 50	43 30	30 40	66 50	49 30	34 40
La Bernerie	58 50	43 65	30 60	66 50	49 55	34 60
Pornic (1) (2)	58 80	44 30	31 15	66 80	50 30	35 15
Saint-Père-en-Retz	58 50	43 30	30 65	66 50	49 30	34 65
Paimbœuf (2)	59 05	43 30	30 80	67 05	49 30	34 80

2° BILLETS DE BAINS DE MER
AU DÉPART DES GARES AUTRES QUE PARIS, VALABLES 33 JOURS
non compris le jour du départ

Ces billets sont délivrés par toutes les gares du réseau de l'État (Lignes du Sud-Ouest) (Paris excepté) pour toutes les stations balnéaires désignées ci-dessus. Ils comportent les mêmes réductions de prix que les billets d'aller et retour ordinaires et donnent le droit de s'arrêter aux gares intermédiaires.

Dispositions spéciales au 1e et au 2e

Enfants. — Les enfants de 3 à 7 ans payent moitié du prix des billets de bains de mer.

Prolongation de la durée de validité. — La durée de validité peut être prolongée d'une ou deux périodes de 30 jours, moyennant un supplément de 10 0/0 par période.

3° BILLETS DE BAINS DE MER
A VALIDITÉ RÉDUITE, SANS FACULTÉ DE PROLONGATION

A) **Billets de toutes classes valables pendant 5 jours**, du vendredi de chaque semaine au mardi suivant, ou de l'avant-veille au surlendemain d'un jour férié. — Leurs prix sont ceux des billets simples augmentés d'un dixième avec minimum de perception, par place, de 12 fr. en 1re classe, de 9 fr. en 2e classe et de 5 fr. en 3e classe.

B) **Billets de 2e et de 3e classes** délivrés par toutes les gares du réseau de l'État (Lignes du Sud-Ouest), situées au sud de la Loire, valables un jour seulement le dimanche ou un jour férié. — Leurs prix sont les deux tiers de ceux des billets de bains de mer de 33 jours, avec minimum de perception par place de 4 fr. en 2e classe et de 2 fr. 50 en 3e classe.

Pour les conditions d'utilisation des billets de bains de mer, voir les Tarifs G V n°s 6 et 105

(1) Un service régulier de bateaux à vapeur est organisé entre Pornic et Noirmoutier pendant la période du 1er juillet au 30 septembre.

(2) Les stations de Pornic et Paimbœuf desservent les plages de Ste-Marie, La Plaine, Préfailles, Le Cormier, Tharon, St-Michel-Chef-Chef, Les Rochelets, St-Brévin-l'Océan et St-Brévin-les-Pins, par l'intermédiaire de la Cie du Chemin de fer d'intérêt local du Morbihan (Réseau de la Loire-Inf.)

CHEMINS DE FER DE L'ÉTAT
(Lignes du Sud-Ouest)

ABONNEMENTS DE BAINS DE MER

Des cartes d'abonnement de Bains de mer valables un mois, trois mois ou six mois et comportant une réduction de 40 0/0 sur les prix des cartes ordinaires d'abonnement de même durée, sont délivrées chaque année, à partir du jeudi précédant la fête des Rameaux jusqu'au 31 octobre pour les cartes d'un ou trois mois, et jusqu'au 31 juillet pour les cartes de six mois. Ces cartes ne sont délivrées qu'aux personnes qui prennent en même temps au moins trois billets ordinaires ou de bains de mer. (*Pour les autres conditions, voir le Tarif spécial G. V. n° 3. État-ancien*)

BILLETS D'ALLER ET RETOUR DE FAMILLE
POUR LES VACANCES

Billets de toutes classes Valables 33 jours, non compris le jour du départ

Délivrés du jeudi précédant la fête des Rameaux au 1er octobre, avec prolongation facultative, moyennant surtaxe, aux familles d'au moins trois personnes payant place entière et voyageant ensemble :

a) Au départ de PARIS, pour les gares du réseau de l'État (Lignes du Sud-Ouest) situées à 125 kilomètres au moins de Paris, ou réciproquement;

b) Au départ de toutes les gares du réseau de l'État (Lignes du Sud-Ouest) (Paris excepté), pour les gares, stations et haltes situées à 60 kilomètres au moins du point de départ.

Il peut être délivré à un ou plusieurs des voyageurs compris dans un billet collectif et en même temps que ce billet une carte d'identité sur la présentation de laquelle le titulaire sera admis à voyager isolément à moitié prix du tarif ordinaire des billets simples, pendant la durée de la villégiature de la famille, entre la gare de délivrance du billet collectif et le point de destination mentionné sur ce billet. — **Enfants.** Les enfants de 3 à 7 ans payent la moitié du prix que paye un voyageur à place entière (*Pour les autres conditions, voir les Tarifs spéciaux G. V. n°s 2 bis. et 9 bis. État-ancien.*)

VOYAGE CIRCULAIRE AU LITTORAL DE L'OCÉAN
ENTRE BORDEAUX ET NANTES
Billets individuels et de famille
délivrés du jeudi précédant la fête des Rameaux au 31 octobre

Valables 33 jours (non compris le jour de la délivrance)
avec faculté de prolongation de trois fois 20 jours moyennant un supplément de 10 0/0 pour chaque prolongation

PRIX :

1° **Billets individuels** . 1re classe. 60 fr — 2e classe. 45 fr — 3e classe. 30 fr.

2° **Billets de famille :** Prix ci-dessus reduits de 10 0/0 pour une famille de 3 personnes jusqu'à **25** 0/0 pour un nombre de 6 personnes ou plus.

Billets spéciaux individuels et collectifs de parcours complémentaires pour rejoindre ou quitter l'itinéraire du voyage d'excursion.

(*Pour les autres conditions, voir le Tarif spécial G. V. N° 5. État-ancien.*)

CARTES D'EXCURSION VALABLES 15 JOURS

Pendant la période du jeudi précédant la fête des Rameaux au 31 octobre, il sera délivré, par toutes les gares du réseau de l'État (Lignes du Sud-Ouest), des cartes d'excursion valables pendant 15 jours et comportant la libre circulation, savoir :

Cartes A — Sur l'ensemble du réseau de l'État (Lignes du Sud-Ouest).

Cartes B. — Sur toutes les lignes du réseau de l'État situées au Sud de la Loire (y compris les gares de Nantes, Angers, La Possonnière, Saumur et Port-Boulet).

Ces cartes sont délivrées aux prix ci-après :

Cartes A (valables sur l'ensemble du réseau) : 1re classe. 135 fr.; 2e cl. 100 fr.; 3e cl. 75 fr

Cartes B (valables sur le réseau sud seulement) : 1re classe. 100 fr.; 2e cl., 75 fr., 3e cl., 50 fr

(*Pour les autres conditions, voir le Tarif spécial G. V. n° 5.*) État ancien

Billets d'Excursion en Touraine, en Vendée, aux Iles de Noirmoutier, d'Yeu, de Ré, d'Aix et d'Oléron.

RELATIONS DIRECTES ENTRE PARIS ET VALPARAISO
Par La Rochelle-Pallice et la Compagnie de navigation à vapeur du Pacifique.
Service tous les 15 jours

Train spécial (1re, 2e et 3e cl.), entre Paris-Montparnasse et La Rochelle-Pallice (*Sans transbordement*)
TRAJET DIRECT EN 8 HEURES 49
Départ de Paris le samedi à 10 h. 40 du soir. — Arrivée à La Rochelle-Pallice (*Bassin à flot*) le lendemain à 7 h. 29 du matin

VOYAGES A

Sur les Lignes de

Bains de mer de la Manche

Plage du Tréport, Dieppe, Saint-Valéry-en-Caux, Fécamp, Etretat-Le Havre, Trouville-Deauville, Houlgate, Villers-sur-Mer, Courseulles, Barfleur, Cherbourg, Carteret, Granville, Saint-Malo, Dinard, Portrieux-les-Bains, Saint-Quay, Saint-Cast, Paimpol, Tréguier, Perros-Guirec, Roscoff, Brest, etc., etc.

Billets d'aller et retour individuels dits de « *Bains de Mer* », délivrés du jeudi précédant la Fête des Rameaux au 31 octobre, valables selon la distance 3, 4 et 10 jours (1re et 2e classes) et 33 jours (1re, 2e et 3e classes).

Les billets de 33 jours peuvent être prolongés d'une ou deux périodes de 30 jours moyennant un supplément de 10 0/0 par période et donnent droit à un arrêt, à l'aller et au retour, à une gare au choix de l'itinéraire suivi.

Billets de Voyages circulaires

(1er mai au 31 octobre)

Billets circulaires valables UN MOIS et pouvant être prolongés d'un nouveau mois moyennant un supplément de 10 0/0.

ONZE ITINÉRAIRES différents dont les prix varient entre 50 et 115 francs en 1re classe entre 40 et 100 francs en 2e classe, permettent de visiter les points les plus intéressants de la Normandie, de la Bretagne et l'Ile de Jersey.

Excursion au Mont Saint-Michel

(Du jeudi précédant la fête des Rameaux au 31 octobre)

Billets d'aller et retour à prix réduits, de 1re, 2e et 3e classes, valables selon la distance, de 3 à 8 jours.

Excursion au Havre

(Juin à septembre)

Billets d'aller et retour à prix réduits de 1re, 2e et 3e classes, délivrés au départ de PARIS et de ROUEN (R. D.), avec trajet en bateau dans un sens entre ROUEN et le HAVRE.

Excursion à l'Ile de Jersey

Par Granville et Saint-Malo	Par Carteret
—	—
Billets d'excursion à prix réduits, de 1re, 2e et 3e classes, délivrés toute l'année au départ de : Paris, Rouen, Chartres, Le Mans et Angers.	Billets d'excursion à prix réduits, de 1re, 2e et 3e classes, délivrés de mai à octobre, au départ de : Paris, Rouen, Le Havre, Caen, Cherbourg, Le Mans et Angers.

Voyage Circulaire en Bretagne

Billets circulaires de 1re et de 2e classes, délivrés TOUTE L'ANNÉE avec billets d'aller et retour complémentaires à prix réduits, permettant de rejoindre et de quitter l'itinéraire.

ITINÉRAIRE. — Rennes, Saint-Malo-Saint-Servan, Dinard-Saint-Enogat, Dinan, Saint-Brieuc, Guingamp, Lannion, Morlaix, Roscoff, Brest, Quimper, Douarnenez, Pont-l'Abbé, Concarneau, Lorient, Auray, Quiberon, Vannes, Savenay, Le Croisic, Guérande, Saint-Nazaire, Pont-Château, Redon, Rennes.

PRIX RÉDUITS
Normandie et de Bretagne

Excursions en Bretagne

Facilités accordées par cartes d'abonnement individuelles et de famille, valables pendant 33 jours.

ABONNEMENTS INDIVIDUELS

Il est délivré, du jeudi précédant la fête des Rameaux au 31 octobre, des cartes d'abonnement spéciales permettant de partir d'une gare quelconque (grandes lignes) Normandie et Bretagne pour une gare au choix des lignes désignées aux alinéas ci-dessous en s'arrêtant sur le parcours ; de circuler ensuite, à son gré, pendant un mois, non seulement sur ces lignes, mais aussi sur tous leurs embranchements qui conduisent à la mer, et enfin, une fois l'excursion terminée, de revenir au point de départ avec les mêmes facilités d'arrêt qu'à l'aller.

Carte valable sur la côte nord de Bretagne : 1re classe, 100 fr.; 2e classe, 75 fr. — Parcours : Ligne de Granville à Brest (par Folligny, Dol et Lamballe) et les embranchements de cette ligne vers la mer.

Carte valable sur la côte sud de Bretagne : 1re classe, 100 fr.; 2e classe, 75 fr. — Parcours : Ligne du Croisic et de Guérande à Châteaulin et les embranchements de cette ligne vers la mer.

Carte valable sur les côtes nord et sud de Bretagne : 1re classe, 130 fr.; 2e classe, 95 fr. — Parcours : Lignes de Granville à Brest (par Folligny, Dol et Lamballe) et de Brest au Croisic et à Guérande et les embranchements de ces lignes vers la mer.

Carte valable sur les côtes nord et sud de Bretagne et lignes intérieures situées à l'ouest de celle de Saint-Malo à Redon : 1re classe, 150 fr.; 2e classe, 110 fr.— Parcours : Lignes de Granville à Brest (par Folligny, Dol et Lamballe) et de Brest au Croisic et à Guérande et les embranchements de ces lignes vers la mer, ainsi que les lignes de Dol à Redon, de Messac à Ploërmel, de Lamballe à Rennes, de Dinan à Questembert, de Saint-Brieuc à Auray, de Loudéac à Carhaix, de Morlaix et de Guingamp à Rosporden.

ABONNEMENTS DE FAMILLE

Toute personne qui souscrit, en même temps que l'abonnement qui lui est propre, un ou plusieurs autres abonnements de même nature en faveur des membres de sa famille ou domestiques habitant avec elle, bénéficie, pour ces cartes supplémentaires, de réductions variant entre 10 et 50 0/0, suivant le nombre de cartes délivrées.

Paris à Londres

Via ROUEN, DIEPPE et NEWHAVEN, par la gare SAINT-LAZARE

Deux départs tous les jours et toute l'année, matin et soir (dimanches et fêtes compris)

Billets simples valables sept jours			Billets d'aller et retour valables un mois		
1re classe	2e classe	3e classe	1re classe	2e classe	3e classe
48 fr. 35	35 fr. »	23 fr. 25	82 fr. 75	58 fr. 75	41 fr. 50

Ces billets donnent le droit de s'arrêter, sans supplément de prix, à toutes les gares situées sur le parcours, ainsi qu'à Brighton

Nota. — Les trains du service de jour entre Paris et Dieppe et vice versa comportent des voitures de 1re et de 2e classes à couloir avec W.-C. et Toilette ainsi qu'un wagon-restaurant; ceux du service de nuit comportent des voitures à couloir des trois classes avec W.-C. et Toilette.

Une des voitures de 1re classe à couloir des trains de nuit comporte des compartiments à couchettes (supplément 5 francs par place). Les couchettes peuvent être retenues à l'avance aux gares de Paris et de Dieppe moyennant une surtaxe de 1 franc par couchette.

Type B—2

CHEMIN DE FER D'ORLÉANS

Billets d'Aller et Retour Collectifs de Famille

pour les Saisons de Printemps et d'Été

délivrés, aux familles d'au moins trois personnes, de toute station du réseau à toute station du réseau située à 125 kilomètres au moins du point de départ :

1º **Saison de Printemps** (1). — Du jeudi qui précède la fête des Rameaux au 25 juin. Validité : 83 jours. 2 prolongations facultatives de 15 jours moyennant supplément.

2º **Saison d'Été** (1). — Du 25 juin au 1er octobre. Validité jusqu'au 5 novembre.

Réduction des aller et retour pour les 3 premières personnes, de 50 0/0 pour la 4e et de 75 0/0 pour la 5e et les suivantes.

Faculté pour le chef de famille de rentrer isolément à son point de départ. Délivrance, à un ou plusieurs membres de la famille, de cartes d'identité permettant au titulaire de voyager isolément à 1/2 tarif entre le point de départ et le lieu de destination mentionnés sur le billet.

En outre, pour les billets de Saison d'Été, les membres de la famille au-dessus de 5 personnes ont la faculté d'effectuer isolément leur voyage à l'aller et au retour en acquittant, au guichet, le prix d'un billet militaire.

TOURAINE

Billets d'excursions en Touraine, aux Châteaux des Bords de la Loire et aux stations balnéaires de la ligne de Saint-Nazaire au Croisic et à Guérande.

2 itinéraires fixes. — 1er Itinéraire (validité 30 jours), 1re classe, 66 francs; — 2e classe, 63 francs. — 2e Itinéraire (validité 45 jours), 1re classe, 54 francs; — 2e classe, 43 francs. — Délivrance toute l'année.

Cartes d'excursions en Touraine, délivrées toute l'année, valables 15 jours avec faculté de prolongation et donnant droit : 1º à la libre circulation sur certaines lignes de la région de Touraine, 2º à un voyage aller et retour, avec arrêts facultatifs, entre la gare de départ et le point d'accès à la zone d'excursions.

Réduction de 10 à 50 0/0 pour les cartes de famille.

AUVERGNE

Billets d'aller et retour individuels pour les stations thermales délivrées du 1er juin au 30 septembre.

Billets d'excursion en Auvergne et dans le Limousin, 3 itinéraires fixes, validité : 30 jours, délivrance du 1er juin au 30 septembre.

Cartes d'excursion en Auvergne, délivrées du 1er juin au 15 septembre, donnant droit à la libre circulation sur une zone déterminée, ainsi qu'à un voyage aller et retour de la gare de départ à l'un des points de ladite zone.

Billets de voyages circulaires dans les Gorges du Tarn.

PYRÉNÉES ET GOLFE DE GASCOGNE

Billets d'aller et retour individuels pour des stations thermales, balnéaires et hivernales délivrés toute l'année de toutes les gares du réseau, valables 33 jours avec faculté de prolongation.

Billets d'aller et retour de famille pour les stations thermales, balnéaires, et hivernales délivrés toute l'année de toutes les stations du réseau, réduction de 20 à 40 0/0 suivant le nombre de personnes, validité 33 jours avec faculté de prolongation.

Billets d'excursion délivrés toute l'année au départ de Paris avec 3 itinéraires différents, via Bordeaux ou Toulouse, permettant de visiter Bordeaux, Arcachon, Dax, Bayonne, Biarritz, Pau, Lourdes, Luchon, etc., validité 30 jours avec faculté de prolongation : prix : 2e itinéraire : 1re classe, 163 fr. 50; 2e classe, 122 fr. 50. Prix : 1er et 3e itinéraires : 1re classe, 164 fr. 50; 2e classe, 123 fr.

Cartes d'excursions individuelles et de famille dans le centre de la France et les Pyrénées, divisés en 5 zones, délivrées au départ de Paris et des principales gares du réseau du 15 juin au 15 septembre et donnant aux voyageurs le droit de circuler à leur gré dans la zone de libre circulation choisie par eux, validité au mois avec faculté de prolongation.

Pour les billets de famille, la réduction varie suivant le nombre des personnes de 10 à 50 0/0.

NOTA. — Pour plus amples renseignements consulter le *Livret Guide Officiel* de la Compagnie d'Orléans adressé *franco* contre l'envoi de 0 fr. 50 à l'Administration Centrale du chemin de fer d'Orléans, 1, place Valhubert, à Paris, bureau du Trafic-Voyageurs (Publicité).

(1) La distance minima de 125 kilomètres est réduite à 60 kilomètres pour des billets à destination d'une station thermale ou balnéaire

CHEMINS DE FER DU MIDI

Les voyageurs peuvent effectuer des voyages sur le réseau du Midi (notamment dans les Pyrénées et aux gorges du Tarn), au moyen d'une des combinaisons suivantes, comportant de notables réductions sur les prix ordinaires des places :

1° Billets d'aller et retour individuels et de famille, de toutes classes

A destination des stations thermales et balnéaires situées sur le réseau du Midi.

Durée (1) : 33 jours, à compter du jour de départ, ce jour compris.

2° Billets de voyages circulaires : Paris, centre de la France, Pyrénées, Provence et gorges du Tarn (de 1re et 2e classes)

Durée (1) : 20 jours pour les voyages intérieurs du Midi (G. V., 5) et 30 jours pour les voyages communs avec l'Orléans et le P.-L.-M. (G. V., 105). — En outre, il est délivré, sur les réseaux du Midi et d'Orléans, des billets spéciaux d'aller et retour à prix réduits, pour permettre aux voyageurs porteurs de billets de voyages circulaires de visiter des points situés en dehors du voyage circulaire, notamment Carcassonne. Le voyage circulaire Provence-Pyrénées a une durée de validité de 25 jours.

3° Billets d'aller et retour de famille pour les vacances

Durée (1) : 33 jours, à compter du jour de départ, ce jour compris.

4° Cartes d'excursions dans le centre de la France et les Pyrénées
donnant droit à la libre circulation dans les zones à explorer

Ces cartes sont délivrées du 15 juin au 15 septembre, au départ de toutes les gares des réseaux du Midi et de l'Orléans.

Durée de validité : un mois avec faculté de prolongation moyennant supplément.

Il existe 5 zones d'excursions sur lesquelles le voyageur a droit à la *libre circulation*.

Les prix varient suivant le point de départ et la zone choisie. — Des réductions allant de 10 0/0 pour la 2e personne jusqu'à 50 0/0 pour la 6e et les suivantes sont consenties à toute personne qui souscrit en même temps plusieurs cartes de même nature en faveur des membres de sa famille (2).

5° Billets spéciaux d'aller et retour, de toutes classes, pour Lourdes

Délivrés au départ de toutes les gares des réseaux de l'État, du Nord, de l'Ouest, de l'Est, de P.-L.-M., d'Orléans, et dans toutes les gares du Midi situées à plus de 150 kilomètres de Lourdes. — Durée de validité variable suivant la longueur du parcours : 4 à 12 jours, non compris le jour du départ. Réduction de 20 0/0 à 40 0/0 suivant la classe et la distance parcourue (3).

AVIS. — *Le Livret-guide officiel illustré contenant une notice descriptive du réseau, des renseignements généraux sur les différentes combinaisons de voyages et l'horaire des trains est mis en vente au prix de 0 fr. 50. A. au bureau commercial de la Compagnie, à Paris; B. Dans les bibliothèques des gares du réseau du Midi.*

(1) Faculté de prolongation moyennant supplément de 10 p. 100.
(2) Consulter pour les détails le Tarif commun G. V., n° 106.
(3) Consulter pour les détails le Tarif commun G. V., n° 102.

CHEMIN DE FER DU NORD

PARIS-NORD A LONDRES

Via Calais ou Boulogne

Cinq services rapides quotidiens dans chaque sens — Voie la plus rapide

SERVICES OFFICIELS DE LA POSTE

(Via Calais)

La gare de Paris-Nord, située au centre des affaires, est le point de départ de tous les grands express européens pour l'Angleterre, la Belgique, la Hollande, le Danemark, la Suède, la Norvège, l'Allemagne, la Russie, la Chine, le Japon, l'Autriche, l'Orient, la Serbie, l'Italie, la Côte d'Azur, l'Égypte, les Indes et l'Australie

SERVICES RAPIDES

ENTRE PARIS, LA BELGIQUE, LA HOLLANDE, L'ALLEMAGNE, LA RUSSIE, LE DANEMARK, LA SUÈDE ET LA NORVÈGE

- entre Paris et Bruxelles
- Paris et Amsterdam
- Paris et Cologne
- Paris et Francfort-sur-Mein
- Paris et Hambourg
- Paris et Berlin
- Paris et St-Pétersbourg
- Par le Nord-Express, hebdomadaire
- entre Paris et Moscou
- Par le Nord-Express, hebdomadaire
- Paris et Copenhague
- Paris et Stockholm
- Paris et Christiania

SAISON DES BAINS DE MER

Billets à prix réduits

[illegible] BOULOGNE-VILLE [illegible] CALAIS-VILLE, CAYEUX [illegible] chemin de fer [illegible] CONCHIL-LE-TEMPLE [illegible] DANNES-CAMIERS [illegible] DUNKERQUE [illegible] LE CROTOY [illegible] LE TREPORT-MERS [illegible] SAINT-VALERY-SUR-SOMME, WIMILLE-WIMEREUX [illegible] BERCK [illegible]

Les billets de saison (1) de 1re, 2e et 3e classes, valables pendant 30 jours [illegible] prolongation [illegible] plusieurs [illegible] du 15 juin (2) [illegible]

[illegible]

(1) [illegible]

(2) [illegible]

3° Billets d'excursion (1) de 2° et 3° classes, les dimanches et jours de fêtes légales, valables pendant une journée. Ces billets sont individuels ou de famille. — Les prix réduits des billets individuels sont indiqués dans le tableau ci-dessous. — Pour les *familles* (ascendants et descendants), il est accordé une nouvelle réduction sur le prix des billets individuels d'excursion, allant de 5 à 25 0/0, selon que la famille se compose de 2, 3, 4, 5 personnes et plus.

Les billets de saison et les billets hebdomadaires sont valables dans les mêmes trains et aux mêmes conditions que les billets ordinaires du service intérieur.

Les billets d'excursion ne sont valables que dans des **trains spéciaux ou dans des trains du service** *ordinaire désignés à cet effet par la Compagnie.*

4° Cartes d'abonnement (1) de 1re, 2° et 3° classes, valables pendant 33 jours, et comportant une réduction de 20 0/0 sur le prix des abonnements ordinaires d'un mois. Ces cartes ne sont délivrées qu'à toute personne qui prend deux billets ordinaires au moins ou un billet de saison pour les membres de sa famille ou domestiques allant séjourner sous le même toit dans une station balnéaire désignée ci-dessous. Ces cartes ne sont valables que pour les points de départ et de destination sans arrêt en cours de route.

Les prix au départ de Paris, pour les trois catégories, sont les suivants :

Prix des billets (3) de saison, hebdomadaires et d'excursion

DE PARIS AUX STATIONS CI-DESSOUS	Billets de saison de famille — VALABLES PENDANT 33 JOURS						BILLETS HEBDOMADAIRES — Prix (**) par personne			BILLETS d'excursion — Prix (*) par personne	
	Prix pour 3 personnes			Prix pour chaque personne en plus							
	1re cl.	2e cl.	3e cl.	1re cl.	2e cl.	3e cl.	1re cl.	2e cl.	3e cl.	2e cl.	3e cl.
Berck	149 40	101 40	66 30	25 60	17 45	11 45	31 »	24 15	17 »	11 15	7 85
Boulogne (ville)	170 70	115 20	75 »	23 45	19 20	12 50	34 »	25 70	18 90	11 10	7 30
Calais (ville)	198 30	133 8?	87 30	33 05	22 30	14 55	37 90	29 »	21 85	12 35	8 10
Cayeux	137 55	93 60	61 20	24 »	16 45	10 80	29 30	23 05	15 95	11 »	7 25
Couchil-le-Temple (Fort-Mahon)	149 40	94 80	61 80	24 40	15 80	10 30	28 80	22 50	15 75	9 75	6 35
Dannes-Camiers	157 20	106 20	69 30	26 20	17 70	11 55	31 70	24 40	17 50	10 50	6 85
Dunkerque	204 90	138 30	90 30	34 15	23 05	15 05	38 85	29 95	22 60	12 50	8 20
Enghien-les-Bains	»	»	»	»	»	»	2 »	1 45	» 95	»	»
Étaples	152 40	102 90	67 20	25 40	17 15	11 20	30 90	23 95	17 »	10 35	6 75
Eu	120 90	81 60	53 10	20 15	13 60	8 85	25 40	20 10	13 70	8 85	5 75
Fort-Mahon (plage) (4)	141 30	96 60	64 20	24 15	16 70	11 30	29 50	23 35	16 65	10 80	7 75
Ghyvelde (Bray-Dunes)	213 »	143 70	93 60	35 50	23 95	15 60	49 95	31 15	23 40	12 50	8 20
Gravelines (Petit-Fort-Philippe)	204 90	138 30	90 30	34 15	23 05	15 05	38 85	29 95	22 60	12 50	8 20
Le Crotoy	131 25	89 10	58 20	22 60	15 40	10 10	27 90	21 95	15 25	10 25	6 75
Leffrinckoucke (Malo-Terminus)	202 10	141 »	92 10	34 85	23 50	15 35	39 40	30 55	23 05	12 50	8 20
Le Tréport-Mers	123 »	83 10	54 »	20 50	13 85	9 »	25 75	20 35	13 90	9 »	5 85
Loon-Plage	204 30	138 »	90 »	34 05	23 »	15 »	38 75	29 90	22 50	12 50	8 20
Marquise-Rinxent	182 10	123 »	80 10	30 35	20 50	13 35	35 60	26 80	20 05	11 75	7 70
Noyelles	126 90	85 80	55 80	21 15	14 30	9 30	26 45	20 85	14 35	9 15	5 95
Paris-Plage	155 »	105 90	70 20	26 60	18 15	12 20	42 10	24 95	18 »	11 35	7 75
Pierrefonds	66 »	44 40	29 10	11 »	7 40	4 85	15 40	11 50	7 60	»	»
Pont-de-Briques (Hardelot)	167 40	112 60	73 50	27 90	18 80	12 25	33 50	25 35	18 55	10 95	7 15
Quend-Fort-Mahon	137 70	93 »	60 60	22 95	15 50	10 10	28 30	22 15	15 45	9 60	6 25
Quend-Plage (4)	140 70	95 »	63 60	23 95	16 50	11 10	29 30	23 15	16 45	10 60	7 25
Rang-du-Fliers-Verton	145 80	95 10	63 90	24 20	16 35	10 65	29 60	23 05	16 20	10 05	6 55
Rosendaël (plage de Malo-les-Bains)	207 60	140 10	91 50	34 60	23 35	15 25	39 20	30 35	22 90	12 50	8 20
Saint-Amand	159 90	108 »	70 50	26 65	18 »	11 75	32 20	24 65	17 75	»	»
Saint-Amand-Thermal	163 20	110 10	72 »	27 20	18 35	12 »	32 80	24 95	18 10	»	»
Saint-Valery-sur-Somme	131 10	89 50	57 60	21 85	14 75	9 60	27 15	21 35	14 75	9 30	6 05
Serqueux (Forges-les-Eaux)	98 70	66 60	43 50	16 45	11 10	7 25	21 50	16 70	11 25	»	»
Wimille-Wimereux	174 60	117 90	76 80	29 10	19 65	12 80	34 55	26 10	19 30	11 25	7 40
Zuydcoote (Nord-Plage)	211 80	142 80	93 »	35 30	23 80	15 50	39 80	30 95	23 25	12 50	8 20

(*) Sur les prix afférents au parcours de la Compagnie du Nord, une nouvelle réduction de 5 à 25 0/0 est faite sur les billets de famille, selon que la famille est composée de 2 à 5 personnes et au delà.

(**) Des carnets individuels, contenant 5 billets hebdomadaires d'aller et retour, peuvent être utilisés à une date quelconque dans le délai de 33 jours, non compris le jour de distribution.

(1) Ces billets sont personnels et ne peuvent être vendus, sous peine de poursuites judiciaires.

(2) Cette prolongation est faite, au retour, par les soins de la gare de départ, avant l'expiration de la première période, moyennant le supplément de 10 0/0 du prix total du billet.

(3) Ces prix ne comprennent pas les 0 fr. 10 de timbre pour les sommes supérieures à 10 francs.

(4) Les billets à destination de Fort-Mahon-Plage et de Quend-Plage ne sont délivrés que du 11 juin au 5 octobre, période pendant laquelle fonctionne le tramway. Avant et après cette période, la distribution et la prolongation restent limitées à Quend-Fort-Mahon.

CHEMINS DE FER DE L'EST

Services directs internationaux

Des trains rapides quotidiens assurent les services directs de la Compagnie de l'Est avec : la **Suisse**, *via* Belfort-Bâle, — l'**Italie**, *via* Belfort, Bâle et le St-Gothard, — **Le Luxembourg**, *via* Longwy, — l'**Allemagne**, *via* Pagny-sur-Moselle et Avricourt, — l'**Autriche-Hongrie** et l'**Europe Orientale**, *via* Avricourt-Strasbourg et *via* Belfort, Bâle, la Suisse et l'Arlberg.

Voyages internationaux à prix réduits, à itinéraires tracés par le voyageur

Les gares du réseau de l'Est délivrent toute l'année des livrets internationaux à coupons combinables, à prix réduits, permettant aux voyageurs de composer à leur gré un voyage circulaire ou d'aller et retour comportant des parcours en France, en Algérie, en Tunisie, en Corse, sur les lignes d'un grand nombre de Compagnies de navigation européennes, ainsi que sur la plupart des lignes des réseaux étrangers.

Parcours minimum, 600 kilomètres. — Durée de la validité des livrets : 60 jours jusqu'à 3000 kilom., 90 jours de 3001 à 5000 kilom. inclus, et 120 jours au-dessus de 5000 kilom.

Voyages circulaires à itinéraires fixes à prix réduits de France en Italie

Il est délivré pendant toute l'année, dans les gares du réseau de l'Est, des billets circulaires valables 60 jours, sans faculté de prolongation, permettant de se rendre en Italie par le St-Gothard et d'en revenir par le Mont-Cenis ou par Vintimille. Ces billets offrent de nombreuses combinaisons d'excursions sur les lignes italiennes.

Billets d'aller et retour de famille et Billets circulaires de saison, à prix réduits

I. **Billets d'aller et retour de famille.** — *a)* Pour les stations thermales situées sur le réseau de l'Est, pour Gérardmer (Vosges) et pour Givet (Vallée de la Meuse).

Délivrance des billets du 15 mai au 14 juin.

b) Pour toutes les stations du réseau de l'Est :

1° Du jeudi qui précède la fête des Rameaux au lundi de Pâques ;

2° Du 15 juin au 30 septembre ;

3° Du 15 au 31 décembre.

II. **Billets circulaires individuels ou de famille** pour excursions dans les Vosges, délivrés dans les gares du réseau de l'Est et au départ des réseaux de l'État, d'Orléans et du Nord, dans la période du 1er mai au 15 octobre.

Nota. — Pour tous autres renseignements, consulter le livret des Voyages circulaires, que la Compagnie de l'Est envoie gratuitement aux personnes qui en font la demande.

AUX VOYAGEURS

COMPAGNIE DE NAVIGATION MIXTE

SOCIÉTÉ ANONYME AU CAPITAL DE 1 038 300 FRANCS

PAQUEBOTS-POSTE FRANÇAIS

ALGÉRIE, TUNISIE, SICILE, TRIPOLITAINE, ESPAGNE, MAROC

Départs de MARSEILLE pour :

Philippeville (rapide) et Bône., jeudi midi
Alger (direct) lundi 5 h. s. et jeudi midi (rapide)
Bizerte, Tunis, ... et Tripoli

Oran, Melilla, Nemours, Tanger

Départs de PORT-VENDRES pour :
Alger (rapide)
Oran (rapide)

Départs de CETTE pour :
Alger (via Port-Vendres)
Oran

SERVICES COMBINÉS AVEC LES CHEMINS DE FER

POUR FRET ET PASSAGES, S'ADRESSER A :

MARSEILLE
LYON, siège social
PARIS, MM. Marseille et Cie

PORT-VENDRES, M. Gaston Pams
CETTE, M. P. Cilleuls
NICE, MM. Aug. Carles et Perrotin
PALERME, MM. Tagliavia et Frères.

COMPAGNIE MARSEILLAISE DE NAVIGATION A VAPEUR

FRAISSINET & Cie

PAQUEBOTS-POSTE FRANÇAIS

Service postal entre le Continent français, l'Italie et la Corse

Départs de Marseille pour :
BASTIA
AJACCIO
TOULON, CALVI ou ILE ROUSSE

Départs de Toulon pour :
LA BALAGNE

Départs de Bastia pour :
MARSEILLE
NICE
LIVOURNE

Départs d'Ajaccio pour :
MARSEILLE
NICE
LA BALAGNE et NICE
MARSEILLE
PROPRIANO et BONIFACIO

Départs de Nice pour :
BASTIA
AJACCIO
LA BALAGNE

Départs de Livourne pour :
BASTIA

Dép. de Calvi ou Ile-Rousse
PAR QUINZAINE POUR
AJACCIO
TOULON
NICE

Départs de Propriano pour :
AJACCIO
BONIFACIO

Départs de Bonifacio pour :
PROPRIANO et AJACCIO

MARSEILLE | PARIS | NICE

DENTIFRICES
Docteur PIERRE
DE LA FACULTÉ DE MÉDECINE DE PARIS

A BASE
D'ANTISEPTIQUES VÉGÉTAUX

GRANDS PRIX
PARIS — SAINT-LOUIS — LIÉGE — LONDRES

Envoi franco d'échantillons sur demande
adressée 8, Place de l'Opéra

La boîte LIN-TARIN 1 fr. 30

Préparation spéciale pour combattre avec succès Constipations, Coliques, Échauffements, Maladies du Foie et de la Vessie (Exigez la femme à 3 jambes.)

Une cuillerée à soupe matin et soir dans un quart de verre d'eau ou de lait.

Tout cycliste doit faire usage de LIN-TARIN

Marque de fabrique

POMMADE FONTAINE
Ses effets sont Merveilleux

contre les Dartres, Eczémas, Engelures, Hémorrhoïdes, Rougeurs de la Face, Inflammations des Paupières, Pellicules et chute des Cheveux.

FRICTIONS LÉGÈRES CHAQUE SOIR
Le Pot : **2 FRANCS**
Franco, 2 fr. 15 en timbres-poste

SAVON FONTAINE
Excellent auxiliaire de la Pommade Fontaine
Le Savon 2 fr. Franco 2 fr. 15 en timbres-poste.

TARIN, Pharm. de 1re classe; ex-interne des Hôpitaux.
Place des Petits-Pères, 9, Paris.
Se trouvent dans toutes les Pharmacies

III

FRANCE

Classée
par ordre alphabétique
des localités

ARCACHON

(GIRONDE)

STATION HIVERNALE ET ESTIVALE

Située à **une heure de Bordeaux, à huit heures de Paris,** cette station jouit d'un climat tempéré et régulier ; c'est un des rares points du monde où, dans une même journée, on n'éprouve pas de changement brusque de température. Arcachon est par excellence la station des convalescents.

En hiver comme en été, Arcachon offre des ressources uniques, ses forêts, son bassin merveilleux qui est sans égal au point de vue des régates et du tourisme nautique, de la pêche, de la chasse aux oiseaux de mer, qui abondent toute l'année.

Deux fois par semaine, chasses municipales avec équipage de premier ordre. Tous les étrangers sont admis à suivre à cheval, sans redevance.

Chasse aux sangliers en toute saison. Deux casinos complètent les attractions de la station : Cercle nautique et des sports, bals, représentations, concerts, golf, lawn-tennis, etc. ; une mention spéciale pour le nouveau casino de la plage : d'une construction récente, c'est un palais moderne

Terrasse avec vue splendide sur la mer. La décoration magistrale et le confort de ce casino le placent au premier rang des établissements similaires.

Pour de *plus amples renseignements*, il convient de demander les brochures spéciales du *Syndicat d'initiative d'Arcachon*, qui les adresse *franco*.

Envoi franco de toutes brochures

SOURCES **CHOUSSY** et **PERRIÈRE**

SAISON DU 25 MAI AU 1er OCTOBRE

Trois Établissements complets — Casino — Grand parc

CURE D'AIR. — *Anémie, lymphatisme, dermatoses. voies respiratoires, rhumatismes, diabète, paludisme.*

Transportées, les Eaux de La Bourboule se conservent indéfiniment
Siège social : rue Drouot, 29 (Envoi de notices franco)

La Bourboule
GRAND HOTEL DES ILES BRITANNIQUES

Premier ordre, à l'angle de l'Établissement thermal. — 150 chambres et salons — Fumoirs. — Grand jardin et salle de récréation pour les enfants. — **Garage et fosse pour automobiles.** — Conditions spéciales en juin et en septembre. — *English spoken. — Se habla español.* — Téléphone. — Ascenseur. — Eclairage électrique.

C. DONNEAUD, Propriétaire

Villa des Iles Britanniques — Appartements pour familles

La Bourboule
LE GRAND HOTEL ET HOTEL DE L'ÉTABLISSEMENT

E. CHEVALET, Propriétaire

Situation unique en face le casino entre les établissements. — 200 chambres et salons. — Salle de Bains. — 2 ascenseurs. — Garage. — Jardins. — Terrasses. — Tout le confort moderne. — Grand restaurant. Cuisine renommée. — Five o'clock tea room.

La Bourboule

GRAND HOTEL DE PARIS

TOUT PREMIER ORDRE

Ascenseur, Bains, Électricité, Téléphone
150 Chambres et Salons. — RESTAURANT
Villas. jardins, tennis, auto-garage pour 25 voitures, boxes, atelier de réparations.
25 mai — 30 septembre. **LEQUIME,** propr.

La Bourboule

SPLENDID HOTEL

CONFORT MODERNE — CHAUFFAGE CENTRAL
L. VATRON, propriétaire.

En Hiver : **Hôtel Lamartine, à Nice**

CAPVERN

(HAUTES-PYRÉNÉES)

A 15 heures de Paris, à 6 heures de Bordeaux, à 2 heures de Toulouse à 4 heures de Bayonne, à 1 heure de Luchon, à 1 heure de Lourdes. — Station célèbre de vieille date pour la grande efficacité de ses eaux. — N'a pas de similaire, grâce au traitement combiné de ses deux sources **Houn-Caoudo**, stimulante, tonique, puissamment reconstituante, et **Bouridé**, éminemment sédative et décongestionnante. — Eau de table non gazeuse, ne troublant pas le vin, d'un goût agréable, légère et digestive.

ÉTABLISSEMENT OUVERT TOUTE L'ANNÉE

Saison du 15 mai au 31 octobre

Exportation importante d'eau en bouteilles toute l'année

EAU TRÈS STABLE

Eaux calciques et magnésiennes (sulfatées et bicarbonatées). — Tempér. 24°. — Diurétiques, laxatives, dépuratives, résolutives, toniques et reconstituantes.

Souveraines dans : *Gravelle urinaire et Coliques néphrétiques, Gravelle biliaire et Coliques hépatiques, Affections des Reins,* de la *Vessie,* des *Voies urinaires, Engorgements* du *Foie* et des *Voies biliaires, Goutte, Diabète, Affections rhumatismales et arthritiques, Affections de l'Estomac,* de l'*Intestin,* du *Foie* et des *Voies biliaires, Etats hémorroïdaires, Affections de la matrice, Troubles de la menstruation (Etouffements et Vapeurs, Age critique), Anémies diverses, Etats nerveux divers, Neurasthénie.*

Postes — Télégraphe — Casino — Parc — Promenades — Excursions

HOTELS DE PREMIER ORDRE

Capvern-les-Bains

GRAND HOTEL DU PARC

1er ordre. — Près de l'Établissement. — Tout le confort moderne. — *Grand parc ombragé attenant à l'hôtel.* — Cuisine très soignée spécialement recommandée. — Pension depuis 7 fr. — Garage et fosse pour autos. — Omnibus à la gare. — **BEAUPERTUIS, Propriétaire.**

Capvern-les-Bains

GRAND HOTEL BEAU-SÉJOUR

1er ordre. — Le plus confortable. — Vaste parc. — *Un omnibus de l'hôtel conduit gratuitement les clients à l'établissement.* — Garage pour autos. — Pension depuis 8 fr. — Omnibus à la gare.
ROUZAUD, Propriétaire.

CAUTERETS

THERMES DE CAUTERETS

et de la Vallée de Saint-Savin

Grand Prix aux Expositions Internationales de Bordeaux, Rome, Madrid, Toulouse et Londres

Station thermale sans rivale, la plus riche en sources sulfureuses.

Six buvettes renommées : 38° c. à 58° c. aux Griffons.

Dix établissements de premier ordre pour bains, douches, massages, pulvérisations à pression naturelle.

Piscines à eaux minérales courantes, uniques en Europe.

Casino, théâtre, concerts de jour sur les promenades.

Théâtre de la Nature. — Sports d'hiver.

Saison du 1er mai au 1er novembre.

Exportation : La Raillère, César, Mauhourat.

Spécialité d'action : Maladies des voies respiratoires, du nez et des oreilles, gastrite, gastralgie, rhumatisme, lymphatisme, neurasthénie, etc.

La station thermale de Cauterets doit sa grande et ancienne réputation à l'efficacité de ses eaux en boissons et en gargarismes, à leur action tonique et reconstituante.

Cauterets, jolie ville ensoleillée, avec ses beaux hôtels, ses dix établissements thermaux, son casino, son théâtre et ses superbes promenades, est située au fond d'une gorge étroite à 10 kil. de Pierrefitte. La route qui y conduit est des plus pittoresques; on la parcourt dans un tramway électrique élégant et commode, qui ne laisse en perdre aucune des beautés, et dont le trajet se fait en 45 minutes.

Aux améliorations réalisées pendant les années précédentes; au tramway électrique de Cauterets à la Raillère, inauguré en 1897, à la restauration du Casino, en 1898, se sont ajoutés l'embellissement de l'Esplanade des Œufs, déjà pourvue d'un promenoir couvert en 1897, la création du boulevard des Néothermes, l'agrandissement de l'établissement du Bois, l'aménagement de la buvette de Mauhourat dans un pavillon confortable et spacieux, etc.

Pour tous renseignements, s'adresser au directeur de l'Exploitation, à Cauterets, Thermes des Œufs.

— 95 —

Type B—4

MONTE-CARLO

(Ouvert toute l'année)

SAISON D'HIVER ET SAISON D'ÉTÉ

30 minutes de Nice — 15 minutes de Menton

LE TRAJET DE PARIS A MONACO SE FAIT EN 13 HEURES
DE LYON EN 8 HEURES, DE MARSEILLE EN 4 HEURES
DE GÊNES EN 6 HEURES

Casino de Monte-Carlo

Le Climat le plus sain
Le Séjour le plus agréable

TOUTES LES MANIFESTATIONS ARTISTIQUES
TOUS LES SPORTS

MONTE=CARLO

LE ' GRAND HOTEL L^D

Entièrement remis à neuf et rénové. — Chauffage central à l'eau chaude partout. — Chaque chambre avec salle de bains et toilette. — Grand jardin d'hiver avec de vastes galeries promenoir. — Cuisine et caves hors de pair.

PATTARD (général manager)

Monte-Carlo

GRAND HOTEL VICTORIA

Premier ordre.

Entièrement remis à neuf, avec tout le confort moderne. — Plein midi. — Grand hall. — Appartements particuliers avec salle de bains.

Veuve E. REY, Propriétaire.

Monte-Carlo

NOUVEL HOTEL DU LOUVRE

Ouvert toute l'année

Près du Casino. — Vue splendide sur mer et montagne. — Spécialement recommandé aux familles. — Confort moderne — Ascenseur. — Chauffage central. — Téléphone, etc. — Prix consciencieux. — *English spoken.* — *Man spricht deutsch.*

J. BOURBONNAIS, Propriétaire

Monte-Carlo (Beau Soleil)

HOTEL SUISSE

Entièrement neuf. — **Plein midi.** — Vue splendide sur la baie, Roquebrune et Menton. — **Téléphone.** — Bains. — Eclairage électrique. — **Ascenseur.** — Cuisine très soignée. — Pension depuis 9 fr. — *Man spricht deutsch.* — *English spoken.* — *Si parla italiano.* Saison d'été : **Hôtel des Thermes de Venadio** (Italie).

Jean CAMINALE, Propriétaire

Monte-Carlo

GRAND HOTEL DE LONDRES

Ouvert toute l'année

Plein midi. — Sur les jardins et près du Casino. — Dernier confort. — Electricité.— Chauffage central. — Ascenseur. — Prix raisonnables. — Arrangements pour familles. — **J. KAISER, Directeur.**

Type B—5*

CAMPEADOR
PARFUM ULTRA PERSISTANT
ED. PINAUD 18, PLACE VENDÔME PARIS

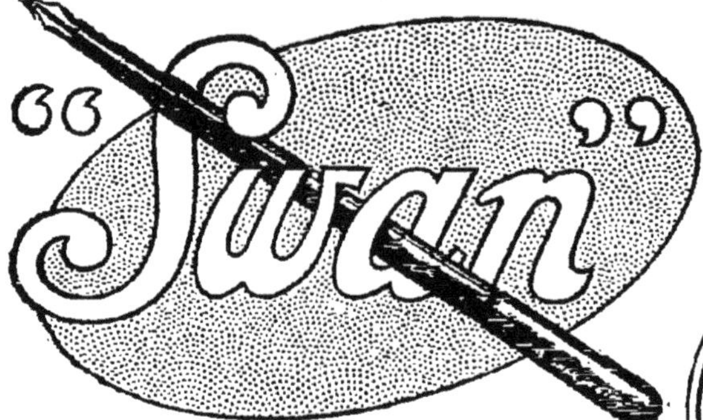

"Swan"
Le meilleur porte-plume à réservoir
Plume d'or pour toutes les écritures
Pour le Voyage
MODÈLE SAFETY
se portant dans toutes les positions
Catalogue H franco
BRENTANO'S, 37, avenue de l'Opéra, PARIS.
Gros : A.-K. WATTS, 106, rue de Richelieu, PARIS.

BRISE DE MAI
PARFUM ULTRA-PERSISTANT
ED. PINAUD 18 PLACE-VENDÔME PARIS